奇妙的创意写作

让你的故事和诗飞起来

[美] 卡伦 · 本基 ◎著
（Karen Benke）

唐奇◎译

中国人民大学出版社
· 北 京 ·

“创意写作书系”顾问委员会

献给可爱又听话的妮娜和琼

献给科林、卢克、戴恩、埃文和尼古拉斯

还有勇敢寻找属于自己声音的你……

长大需要勇气，做你自己同样如此。

——E.E. 肯明斯（E.E. Cummings）

目录

刚刚到达的旅客，请往这边走……

这本书就像一本护照，让你进入敞开心灵、放飞想象力的狂野国度。这次旅行不用信用卡，不必打疫苗，也不需要行李。书中提供的地图和捷径将指引你穿过现实生活之门，进入真实自我的茂密丛林。这本书是一场向内心拓展的冒险，一种从内部改变事物的方法，让你得以释放你真正需要和想要表达的东西。

在成长的过程中，你看到、听到、闻到和尝到许多东西。现在，即便有时候不愿意承认，你很可能已经熟悉了恐惧、兴奋、焦虑、厌倦、失望、嫉妒、欲望、困惑和期待等种种感受。不过，只有在有了切身体会之后，这些感受才能变成你的，成为你发掘创造力、找到属于自己的声音的最有效工具。关于你的一切——奇思妙想、强烈的感受、遥远的记忆、栩栩如生的梦境、一掠而过的影像、漫漫无期的心碎、改变人生的事件，以及数不尽的惊喜——都可以奉献给写作。加入一点点犀利、一点点态度、一点点狂妄。混合害羞和善良。投入勇气和奇迹。将这些感觉的要素融为一体，你的作品会因为表现了真实的自我而熠熠生辉，让你的读者和旅伴看到你内心的光芒。

有一个不容回避的问题：在作品中表现你的生活需要冒险。这可能包括跨越堆积如山的以“但是”开头的借口：但是我没有天赋、没有合适的笔记本、没有舒服的座位……但是我该洗头了……但是我需要来点零食……但是谁在乎我怎么想呢？……但是如果没有人看，我为什么还要写作？（我至今仍然需要跨越所有这些借口，有时候还会被它们绊倒。）作为你的导游，我建议你这样开始：放松，冷静，深呼吸，重新设定所有的预期。记住：不管是不是在写作中，你都能掌控自己的生活。你能决定向内心世界探索多深、向想象力的天空飞多高，或者如何在地表停留。

你生命中所有奇异、混乱、勇敢、振奋人心的奇迹和冒险都从此时此地开始，就从你现在所在的地方。带上这本书和一支笔，你就可以启程了。我会在沿途给你提供“创意实验”“认识你自己”“定义解码器”“忽然想到的故事”“迷你回忆录”以及“脑洞清单”，这些都是为了激发你的灵感，让你创作出独一无二的诗歌、故事、富有想象力的片段和源自真实生活的随笔，这些作品你可以与其他人分享，也可以独自珍藏。没有最后期限。没有成绩打分。让你内心的批评家走开。这本书要唤醒你的心灵和记忆，改变你的感情世界。为适度的冒险做好准备——然后，出发！

你的朋友

凯　伦

伸展运动

运用你的感觉。

——欧比－旺·肯诺比（Obi-Wan Kenobi）

无论你在哪里，找一个地方摊开手脚，放松身体，让生活放慢一小会儿。你可以趴在桌子上、椅子上或者床上。像个洋娃娃一样身体前屈。慢慢站起来。抬起一只手臂，举过头顶，像月牙儿一样朝一侧弯曲身体（新月还是残月，由你决定）。感觉肋骨的拉伸。每一次呼吸都让肺部充满新鲜空气。脱掉鞋子。向膝盖、下巴、脚踝、染色或没染色的脚指甲问好。让你的脊柱向天空伸展——你的写作也一样。闭上眼睛，倾听波涛般的呼吸声。俯卧、弯曲、伸展、呼吸，这些事情你不可能做错。只需放松一会儿，感受氧气进出身体的独特方式。

当你放松下来，习惯了海浪一样的呼吸，想想还有什么可以伸展的。一厢情愿的想法、无伤大雅的谎话、时间的概念、父母的犹豫不决、你的宵禁令。现在，你的心灵能够探寻到多深的真相？下一次呢？再下一次呢？无论真相对你意味着什么，带着这种心痒难耐的渴求，或者不计后果的焦虑，把它写出来。照实写。什么都不要改变。不要说“受够了，让我喘口气吧”，不要叹息，不要左顾右盼。把一切都写出来，写满整整一页纸。

向前一步

- 写完下面给出的开头。忘掉标点符号、拼写和终点线。从有意识延伸到无意识，再从无意识回到有意识。想到什么就写什么。当你觉得差不多写完了，关于你自己再多写二十个字。

生活总是给我

唇枪舌剑和一点点心碎；难解的梦境和一本海绿色封面的护照，晕头转向的感觉；低潮期泥泞的浅滩；左膝韧带拉伸时的噼啪声，我所知道的生活如此瞬息万变。

生活没有给我____________________

这就是我为什么离开____________________

这就是我为什么留下____________________

这些让我高兴____________________

这些让我心情灰暗____________________

生活没有给我桥梁和白雪皑皑的山峰。今天没有。

生活没有给我说“请”和“谢谢你”的选择。

这就是我为什么留下：我害怕离开。

这些让我高兴：新鲜空气，有趣的朋友，在潮湿的地面上留下脚印。

这些让我心情灰暗：一红一白不配对的袜子，渐浓的暮色，一个不留尾声、令人心碎的故事。

——莱安、卡莉亚、罗拉集体创作

该你了

重要的东西

追随你内心的月光，不要掩饰疯狂。

——艾伦·金斯堡（Allen Ginsberg）

让自己躺在草坪上做白日梦，写出对你最重要的东西。就现在。列出一份清单，要具体。不要写“我的朋友”，要写“林恩问道：‘嗨，凯伦宝贝，想来一勺冰淇淋吗？’”或者，“科林把乒乓球拍递到我手里，发出挑战：‘三局两胜！’”

当你写作时，不要掩饰疯狂。漫不经心地尽情描绘你梦中的场景，比如穿着内衣去上学，你最好的朋友转过头来对你说：“姑娘，这不是做梦，你到底在干什么？”

你有哪些重要的小东西？里面有埃菲尔铁塔的雪花玻璃球，门廊上一盆心形的石头，去博物馆、电影院和音乐会的票根。还有哪些东西对你特别重要？一顶红色的草帽、一大捧棉花糖、一趟过山车之旅都曾经对我很重要。棒球划过天空，飞到外野，落进你的手套里，可能对你很重要。或者，你的决定、一所新房子、一首歌的歌词、跟新朋友的嬉闹？由你来选择。或者不必选择，把它们都写上。从你的日常生活中借用真实的细节（比如名字、宠物、地址），让你的例子更有魅力。展示那些吸引你的注意力并且保持热度的东西。内容越具体就越丰富。所以当你搜集重要的东西来点燃创作的火焰时，要具体，也要丰富。你可以从这些地方寻找重要的东西——中间、周围、内部、底下，任何你能够独处，不需要取悦别人或者向别人证明什么的地方。

向前一步

- 哪个词对你特别重要：三明治、硬币、城市、问题、体育、数字、信、冰淇淋、抓人的对话、回忆。今天重要的东西可能明天就会改变。
- 随机提出一系列问题，想象在你身处的城市中或者大自然中能够找到哪些东西，虽然普通却对附近的事物很重要。像朱迪斯一样，写出 20 行（或者更多）。

重要的东西

什么才重要？谁才重要？这重要吗？什么是重要？
风对树重要吗？
面包屑对蚂蚁重要吗？
轮胎对卡车重要吗？
爱情对我重要吗？

时间、空间、物质是一个连续统一体……
什么物质对物质最重要？
什么物质对物质最不重要？
一分钱对银行重要吗？
灯芯对灯泡重要吗？
红色对玫瑰重要吗？
爱情对我重要吗？

什么是物质？谁是物质？
物质存在吗？
物质溅了我一脸。
物质戴了我一头。
物质挂满我全身。

物质让我的心支离破碎。

这重要吗？

——朱迪斯·科林

该你了

练习说再见

小狗坐在楼梯顶端。别走，它棕色的眼睛露出乞求的神情。不要留下我自己，应该放狗粮的地方只有一个空碗。离别太难了。怎么才能让它相信你只是去上学？练完篮球你就会回来，带它去公园，让它在土地上打滚，把它的网球扔到暗处。你会偷偷分给它一口汉堡包和一大块玉米饼，吹口哨把它叫到床边，它会高兴地转上三圈，蜷伏在你的枕头边，用固定的节拍摇着尾巴。或许它的凝视是训练的一部分。它在你离开房子的时候考验你，然后就跑上门垫，锁上两道锁。它从窗帘下方的缝隙向外窥视，在心里默默地说，今天的课程是相信自己。就像你相信它不会咬坏你的运动衫和妈妈的新沙发垫一样。做个好孩子，你的口型说。我会的，它叫了两声。就像你要继续努力学习的最重要的东西一样：在期末考试之前相信自己的内心。

故事开头

- 你的宠物狗、猫、仓鼠、蛇对你露出什么样的表情？从它们的视角出发，把呜呜、汪汪、喵喵、嚎叫、奔跑和滑行这些声音和动作翻译出来，作为一个故事的开头。
- 谁是你最聪明的四条腿的老师？谁是你最喜欢的两条腿的朋友？
- 写一个你和你最喜爱的宠物相遇或告别（或其他）的故事。

该你了

回忆录

回忆录有点像自传，不过它们通常只涵盖作者人生中的某个片段，而不是从出生到迟暮的整个人生。正如作家戈尔·维达尔（Gore Vidal）所说的："回忆录是一个人如何回忆自己的人生。"

如果你选择写回忆录，你需要选择展示人生中哪些特定的时刻。你的童年？六年级时发生的一切？你父母离婚那年？你和表哥徒步穿越希腊北部那个夏天？或者，可能是你拆掉所有的矫正牙套又重新装回来那漫长的一天？回忆录作者开始先列出一份清单，帮助他们回忆生命中的特定转折点。重大的决定。极度的后悔。欣然接受或者悔不当初的四重选择。可以从翻阅一本相簿开始，从你喜欢的照片背后选出几个时刻。或许可以描写一个对你产生巨大影响的关键人物（教练、老师、兄弟姐妹，或者你的宠物狗），或许是你设定并努力实现的一系列目标。创作和导演第一出戏剧，作为新生创办大学网球队，跟祖父母环游地中海。随着你的清单越列越长，你的灵感和创造力也不断累积，感受从背后吹来的习习微风。

在这本书中，你会看到一些我个人的迷你回忆录和我所建议的练习，鼓励你去探索你自己的人生，帮助你选择你最想讲述、最需要讲述的故事片段。下面是两位年轻作者回忆录的开头。

我和姐姐

这是一件多么美好的事：我七岁，我姐姐十一岁。我们大笑着，骑车经过7-11便利店。她的呼吸带着肉桂味，唱着一首烦人的搞笑歌曲：“我知道你是什么，但我是什么呢？我知道你是什么，但我是什么呢？”她的眼睛像又大又蓝的时间机器。她的嘴唇像干裂的脆皮面包。

——格蕾丝

未来的切西

我不知道我的人生将会如何。我会一帆风顺吗？我还会留着脸颊两边的辫子吗？我会和现在一样，感觉像轻盈的夏日微风一样自由吗？我还会滑旱冰，同时想起我的小黑狗巴里吗？我的心还会像饱含爱意的玫瑰一样怒放吗？

——切西

吉勒姆捷径

二年级时，我们每天坐7路巴士从学校回家。有我、克里斯汀、佩斯利和贝特西。黄色的车门摇摇晃晃地打开，我们跳到空地前的菲尔维大道上，我们叫它吉勒姆捷径，因为贝特西·吉勒姆家堡垒一样的房子就在山脚下。我们冲下陡峭的山坡，穿过一片柳树林，来到我们的家所在的路上。穿过茂密的草丛、碎玻璃、土堆和荆棘丛，我们背着背包艰难地跋涉。唯一能阻止我们的是贝特西的哥哥迈克。

迈克从学校回家比我们快，因为他知道一条不一样的捷径。就是他用绳子把贝特西的娃娃吊在柳树枝上。迈克穿着迷彩裤和黑色的士兵服，想招募我们加入他的部队。他说我们是女孩也无所谓。说的时候咬牙切齿的。他说他可以教我们射击和遵守命令。迈克的眼睛让我想起学校科学教室里养的老鼠。当我们冲他喊“没门儿！”，他就眯起眼睛，露出这种迷离的眼神。我们就知道该逃跑了。而且要快。一路跑到山脚下。不要停下来。没人敢回头看。我们的捷径充满危险，是冒险的标志，但是我做梦也没想过走别的路回家。克里斯汀跑在前面，她的妹妹佩斯利尖叫着跟在我后面，我们又笑又叫，害怕这一次迈克真的会抓到我们。我的耳朵里充满了砰砰的心跳声，想象着赶快撞开前门，冲进厨房去找我妈妈。生活让我学会勇敢，有勇气去冒险走捷径，我的吊带袜沾满了泥土和棘刺。我回头朝克里斯汀大声说再见，说好写完作业再见面。最后回头看了眼街对面，贝特西在那里，她一定跟迈克在一起。呀！

生活片段

- 从前到后，从里到外，详细描写你走过的一条捷径。
- 你遇到过什么让你害怕的人或事？哪些文字和图像仍然萦绕在你的心头？写作时用上表示现在的词，就好像一切正在发生一样。我就是这样做的。
- 你的口袋里、背包里有什么？你的脑海里和心里有什么？
- 没有大人时，你会去哪里玩？

该你了

想去的地方

我演过很多人物，去过很多地方。

——梅·韦斯特（Mae West）

选择一个地方——普通的、虚构的、可怕的、秘密的、夸张的、诡异的，用最快的速度写出你会在那里发现哪些细节。（我选择了我家附近的沼泽，那里有泥巴、青蛙、雾、带刺的杂草、白鹭、缥缈的云层、香蒲、蚊子，以及可以坐下来做白日梦的湿滑的堤岸。）然后写出五种你熟悉的感觉或味道（比如孤独、饥饿、愤怒、兴奋、恐惧）。通过比喻把每种感觉跟一个地方对应起来，把感觉变成地点。很简单。（可能需要扩展一下你的比喻。）例如，孤独是一片长满蒲草的沼泽，白鹭从云层中飞过，我希望泥地里静坐的青蛙能够用叫声分享它们的智慧。

愤怒或许可以变成热带海岛上的灼热沙滩，挤满了晒得黝黑的游客。饥饿或许可以变成饥渴和疲倦大街拐角处的咖啡店，店门关了，你数着玻璃上的气泡，幻想着跟你姐姐在家吃马卡龙和奶酪，喝柠檬汁。发挥你的想象力。

沼泽	珊瑚礁	操场	草地	树屋
地牢	屋顶	咖啡馆	杂货店	地下室
堡垒	洗衣店	天堂	消防站	城堡
河流	空间站	湿地	帐篷	体育场
图书馆	灯塔	阁楼	嘉年华	露营地
篮球场	音乐会	棒球场	厨房	沙漠
城堡	教室	地狱	荒岛	宫殿
惊喜派对	花园	小径	雨林	大城市
卧室	足球场	小镇	车库	下水道
森林	海滩	帆船	山顶	网球场
银河				

七行，一连串的瞬间

描写近在眼前的东西。

——威廉·卡洛斯·威廉斯（William Carlos Williams）

扔下你的背包。从最近的窗户看出去。通过鼻子慢慢吸气，数到三，再慢慢呼气。当你的肺里充满空气，把注意力延伸到身体里那些氧气可能从未到达过的角落，以及太空中从未被探索过的遥远星系。

呼气更长时间，可能有助于将发散的思维集中起来。（我就是这样。）除了给大脑输送氧气，呼吸就像一把钥匙，能够激发我们体内的创造性魔法，让我们身心合一，帮助我们战胜我们的思想。而且，当你头脑冷静、聚精会神时，诗歌和故事会更容易展开。很简单：把注意力集中到呼吸上，就像它是一个整个夏天都没见面的好朋友一样。看看效果如何。你呼吸的方式揭示了你的感觉。由于最重要的感觉就是你对自己的感觉，这在你探索自身未被发掘的领域时会非常有用。

选七个词。任意七个。名词、动词。表示天气、颜色或状态的词。比如害怕、饥饿、无聊、昏昏欲睡、催人泪下、高兴。词语能够从你的想象力和心灵中跳出来，跃然纸上。看看、听听、闻闻四周。你有数不清的选择。你只需要一个幸运数字“七”。在纸上写下你的七个词，每个词之间留出空白。然后把七个词连成一串——项链、手链或脚链，在每一行里填充上其他文字（语气词、押韵、搞笑、思考、文字游戏，甚至完全没有意义的词）。

向前一步

- 我选择了：风险、蓝色、热切、鸟巢、门口、水、冒险。使用我选择的这些词，看看你的连字游戏能得到什么，或者你自己来选词。在文字的丛林中披荆斩棘，前往你想去的地方。

为什么多云的天气里只有狐狸？
找一只鸟，独一无二的鸟，
别害怕与众不同。
对着光秃秃的黑色的树
大声喊——
“我们与众不同！”站在
被露水打湿的草地上。希望。看到改变。

——伊丽莎白

这是开始。
你面前的世界问题堆积如山。
你正走进人生故事的第一章。
在这个故事的结尾，是你生命中完整的第一天。
但是首先，快速问一个问题——
你准备好了吗？

——杰克

该你了

变形大冒险

我已经旋转了几千年，仍然不知道我是一只鹰隼、一场风暴，还是一首颂歌。

——赖内·马利亚·里尔克（Rainer Maria Rilke）

我的第一次变形大冒险是跟一位叫苏茜的现代萨满进行的，她引导我在深夜中变换形貌，成为一系列想象中的狂野形象。我坐在自己墙壁漆成蓝色的办公室窗边的桌子旁，安全地裹着云纹睡衣，我的猫克里夫在脚边发出满足的呜呜声。苏茜萨满在我住所北边的某个地方，她的声音通过电话线传来，像寺庙的钟声一样清晰。在我的允许下，她让我想象自己变成一颗彗星、一只鼹鼠、一道雷鸣、一只兔子——当然，戴着护目镜，然后是一只巨大的白鸟，在我家门口的树顶盘旋，飞羽上闪耀着月光和自由，将片刻之前束缚我的所有怀疑统统抛在身后。

如果你也想变形，我可以在这里指导你。你唯一需要做的就是相信梦想，抛开所有恐惧。想象力非常敏感，只要有一闪念的判断、批评、严厉或恐惧，它就会躲藏起来。请接受这个彻底的挑战：要勇敢，同时善待自己，无论是不是在写作中。

当你准备好了，找一张空白的纸，在页面中央画一条竖线，在左半边回答下列问题。不必像 2+2=4 那样正确，变形时 2+2=5 那样的答案可能更有用。

1. 把自己变成某种飞行或者爬行的东西。

高贵的乌鸦，黑曼巴蛇，鹰头马身有翼兽，流星，狡猾的树懒，害羞的蝾螈，小响尾蛇，一群瓢虫、蝴蝶或杀人蜂。

2. 把自己变成某种天气或自然灾害。

____

3. 把自己变成某种会跑会跳的东西。

____

4. 把自己变成某种阴影或颜色。（在前面加上一个修饰词，比如弯曲的、潮湿的、飞溅的、纠缠的）。

____

5. 把自己变成一种声音，可以是你听到的，也可以是你的耳朵听不到的。

____

6. 把自己变成一个黑暗的洞穴或者一个新的藏身之处。

____

7. 把自己变成一趟午夜航班或者一个愉快的梦。

____

8. 把自己变成自然界中的一个特定位置。（清楚地描述它。）

____

继续你的变形记。下面有八道选择题，每道题选择一个答案，写在纸的右半边。如果你无法做出选择，想写什么就写什么。你还可以混合、配对、重新组合你的答案。

1. 近代史还是古代史；过去、现在还是将来。

____

2. 螺旋形的灵感还是锯齿形的想象。你可以自己补充不同的变种。

____

3. 一个新的开始还是一个新的结束。

____

4. 影还是雾；宿命还是绝望。

____

5. 失去的时间还是挤出的时间；饥饿还是口渴。

____

6. 从 1 到 100 中间选择一个数字，然后从旅行、门廊、时区、诗歌中选择一个词。

____

7. 阴暗的喜悦和 / 或明媚的忧伤。

____

8. 万能卡：选择一个或一组你喜欢的词，写在“光”这个字前面（如散射光、聚光）。

____

选择一个介词或连词，写在两栏之间，如和、朝、通过（或者其他）。用箭头将左边和右边的答案连接起来。用下文中给出的起跑线继续你的变形大冒险。

变形起跑线

无所顾忌，不计后果！像狮子！像海盗！当你写作时。

——布兰达·尤兰（Brenda Ueland）

有些时候你会想用第一人称“我”的视角写作自己的经历。还有些时候，放下自我、从远距离观察生活是一种甜蜜的解脱。如果你想在你的变形记中体验一种不同的人称代词，试试用“她”“他”或“我们”代替“我”。就像在梦里一样，我们都拥有变成某种新事物的想象力。

刚上七年级的尼克做到了。他识字不多，但是在放飞心灵自由变形的几分钟之内，他就变成了一团旋转的灰雾，然后奔跑、加速，在想象中穿过困惑的洞穴，随着飓风飞升 31 个轮回，最后他的精神才回到身体，因为秘密的快乐而露出微笑。（我也笑了。）

我成为	我猛扑过去	我记得
我鼓起勇气	我跳起来	我出现在
我横穿	我穿行	我鼓励自己
我变成了	我想变成	我经过
我冲进	我滑行	我扭动着钻过
我回到	我旅行	我擦肩而过

我留下	我迂回着通过	我埋进
我回过头	我正在变成	我转化成
我被改变	我进入	我突然转向
我面向	我盘旋	我屈身
我穿过	我伸手去拿	我伸手
我突然说	我走进	我跳进
我爬过	我蜷缩起来	我走这条路

角色扮演

在拉丁语中，人物（persona）这个词指的是演员的面具。不是指你在万圣节戴的超人、白雪公主或弗兰肯斯坦那种字面意义上的面具，而是指从内心尝试体验另一种性格。有点像用其他人的声音跟人讲话。想想你在日常生活中扮演的角色：喜欢说“好像是吧”“饶了我吧”的牢骚鬼；课间休息时给朋友们讲笑话的开心果；趴在地理测验试卷上奋笔疾书的学霸。

当你厌倦了谈论自己、过你自己的生活、听到“我是”“我有”“我能”“我想”“我知道”，以及你所有的信仰、观点和吹过的牛皮，是时候给自己戴上面具，采用别人的声音和视角了。忘掉你的故事。从这个面具的背后讲话。角色扮演允许你表达那些不容易说出口的事。记住：在角色扮演中，你说了什么远不如如何去说来得重要。诗人戴维·圣约翰（David St. John）甚至说，每一首诗都是一次角色扮演。

嗨，我叫罗莎·帕克斯

我所做的一切只是坐下来。

座位不是很舒服，

只是个座位。

我只是坐下来，

继续坐着。

如果一个白人来要我的座位呢？

那又怎么样？

我先到的，座位是我的。
这个座位是我的。
很快所有的黑人都在这样说。
“这个座位是我的。”
“这个座位是我的。”
“……如果你告诉我不是这样，
我不会再说一遍。
我甚至不会再坐下来。”

白人们最后说座位是我们的。
历史书说是我促成了这一切，
但是我不这么想。
是我们所有人，
让我独享所有的荣誉
是不公平的。

嗨，我叫罗莎·帕克斯，我所做的一切只是坐下来。

——海伦

片段和焰火

克莱尔希望这个假期能和她的朋友徒步穿越大峡谷，一路走到科罗拉多，而不是坐在家里择毛衣上的线头，看着小狗打哈欠。厨房里的坚果巧克力袋子一直在召唤她，但是妈妈说要等到晚饭以后才能吃。克莱尔照着镜子，觉得自己又短又硬、头顶染成绿色的发型活像一株仙人掌。白天就快过去了。还得去遛狗。克莱尔心烦意乱，翻箱倒柜想找一顶帽子。外面，无所不知的乌鸦在盘旋，叫声听起来就像在嘲弄她，让她赶快抛开自怨自艾。于是她套上择光了线头的毛衣，把坚果巧克力袋子装进背包，吹口哨叫上小狗，直奔海滩。路上的车堵得水泄不通。沙子湿漉漉的。远处燃起了点点篝火。克莱尔停下脚步，和颜悦色地问一个男孩："嗨，那边在干什么？"小狗欢蹦乱跳，把皮带缠绕在她的双腿上。男孩笑了。克莱尔也笑了。焰火照亮了天空。她怎么会忘了呢？今天是7月4日。

故事开头

- 给自己起个新名字，写下你如何从家里到大自然中去——海滩、公园、秋千。注意你都带上了什么东西（拴狗的皮带、坚果巧克力），假装你在路上遇到了一个人。
- 你或其他人在百无聊赖的日常生活中会做些什么？收集这样的片段（看着小狗打哈欠）。把其中一些写成一个段落，不需要有完整的结局。提醒自己，你很好。你真的很好。即使你在择毛衣上的线头，或者写作不完整的片段。

- 今天不写作也没关系。不要为琐事烦恼，正如我的朋友伊万说的："没必要小题大做。"

该你了

头 发

相信宇宙，尊重你的头发。

——鲍勃·马利（Bob Marley）

作为创意写作作家，我们在头脑中花费了很多时间。要我说，这让我们更有理由放松我们的头皮。我们头上有成千上万个毛囊，所以，今天在拿起笔之前先拿起一把梳子怎么样？梳头能让我们寻觅诗歌或故事时不需要的那半边大脑平静下来。而且，我们内心的批评家总是喜欢不请自来、提出建议，写作之前好好梳头，能够分散他的注意力，让他在足够长的时间里不要妨碍我们的自发性。我内心的批评家非常喜欢梳头，有时候也喜欢肩颈按摩。

当你梳头时，回想你留过的各种各样的发型。我直到两岁还没长头发，我妈妈一边想办法，一边给我戴上一个粉红色的蝴蝶结。我的头发终于长了出来，有一段时间我任其疯长，每一绺长发里都挂着嫩枝和树胶。我妹妹、表姐和我曾经拿妈妈从跳蚤市场买来的破假发玩换装游戏——我都不敢想它们有多脏。“长发公主，长发公主，放下你的金发吧！”我们唱着，假装正跑过塔楼里的卧室。上初中时，我编过辫子，梳过马尾，剪过假小子头、蓬蓬头，甚至还有一种被我亲爱的阿姨称为“多萝西·哈米尔”（奥运会著名滑冰运动员）的发型。上高中时，我勇敢挑战大波浪、波波头、摇滚范儿，还像我勇敢的表姐唐妮一样几乎剃了个光头。为了让头发更浓密，我用过箭牌马用香波，为了让头发更健康，我用过炸土豆的迷迭香油。我用过编织发网、横夹和橡皮筋扎头发，盘过高高的发髻，用亮闪闪的小夹子固定。仔细想来，我做过剪短、打薄、修型、保养，在头发的形状、颜色、长度和质地上花了太多的时间。啊哈，有什么关系呢？拉斯特法里教徒（Rastafarian）[①]把他们的发辫视为“通往天堂的高压电缆”，可头发不就是一束线状的死细胞吗？为什么不能从头开始革命呢？

告诉我，你的头发是什么样的？

向前一步

- 关于你的头发，你最喜欢的是什么？你会做出什么样的改变？感觉如何？
- 描写几种你留过的发型——风格、颜色、长度。
- 假装你跟塔楼里的长发公主在一起，你会跟她说些什么？
- 你想弄乱谁的头发？它闻起来像什么？（混合了槭树、糖浆和嫩枝的气味？）
- 把一绺头发吹向风中，送给你的猫咪和亲爱的阿姨。

头发

我家里每个人的头发都不一样。我爸爸的头发像扫帚，根根直竖。我的头发又细又软，用发夹和橡皮筋都绑不住。卡罗尔的头发又密又直，从来都不用梳头。蕾妮的头发特别顺滑，会从你的手心里溜掉。

——桑德拉·希斯内罗丝

① 拉斯特法里教，又称拉斯特法里运动，是20世纪30年代自牙买加兴起的一个黑人基督教宗教运动。——译者注

该你了

勇气和同侪压力

在炽热的艳阳下，我和唐妮悄悄走过河边那所房子后面的小路。我们俩把毛巾并排放在码头的木板上。在跳进冰冷刺骨的河水之前，我们把防晒霜抹在彼此的后背和肩膀上，感觉热量渗透进我们的皮肤。没有人告诉我们应该怎么做。我们的父母都在上班，我妹妹跟朱迪·奥尔森进城去玩了。还有两个星期才开学。唐妮又用那种狡黠的眼光看着我，每次提议我们俩偷偷干点什么之前，她就会露出这种眼光。

“我们试试吧，就这一次。然后我们就知道这不适合我们了。”她说得很有道理。我知道她指的是什么，我们讨论过。但是我想让她说出来。

“试试什么？”

“抽烟。”

“如果我们上瘾了怎么办？”在打破规则时，我是非常务实的。

“就一口，怎么会呢？”

一艘快艇牵引着一名滑水者经过。激起的波浪拍打着码头。

“我爸爸的烟都带在身上。”我辩解道。

“我们可以从烟灰缸里捡到烟头。”

“呃，好吧。”

我们跳进水里。露出水面时，我们的头发像海草一样垂下来。唐妮闭着眼睛。我看着她黑黑的眼睫毛。我们从水里爬上来，看着蒸汽从码头边的水面升起来。我们用毛巾裹住身体，把它们当成无袖连衣裙。沿着石子路，经过我父母睡着以后我喜欢坐在那儿的石凳，接着走……经过最后一个假期我们摆姿势拍照的平台，伏低身体。我们在后门的台阶上磨蹭了一会儿，等着泳衣晾干，然后消失在玻璃滑门后，走进空荡荡的房子。

生活片段

- 用几句话记述一次你和好朋友偷偷做某件事的经历。不到最后不要说出你们究竟要干什么。
- 你认为什么算犯错误？你怎么知道自己正在犯错误？
- 你做过什么宁愿自己没做过的事？
- 你小时候在哪里游泳？用文字带我到那里去。

该你了

意识流

意识流是自动、自发、充满自由联想的写作。这是一种毫无保留的风格。把一切都说出来，无论是什么。你心里想到的一切直接流动到纸上，就像在起伏的波浪中游泳，从意识边缘到意识边缘，竭尽所能地坚持到底。你要脱掉救生衣，忘记所有的句法结构、标点符号和正确的写作规范。

意识流让你捕捉自己的思想，无论它们在你的脑海中是潜泳还是狗刨。与此同时，用你信赖的笔继续写下去。悲伤、疯狂、厚脸皮的碎片，尚未成型或濒临死亡的断想和白日梦，都可以占据纸面空间。20 世纪 20 年代巴黎超现实主义运动的领袖安德烈·布勒东（André Breton）指导作家说："要快速地写，没有预设的对象，来不及有所保留或者回头重读。愿意写多久就写多久。"杰克·凯鲁亚克（Jack Kerouac）创作《达摩流浪者》（*The Dharma Bums*）时就住在我家附近，他是这样说的："取得控制权，然后随心所欲。"杰克的建议不仅对创意写作有用，而且能应用到生活的方方面面，比如跳舞、即兴演奏、摘李子和洗盘子。听起来很简单？试试看。

当你尝试意识流写作时，可能会发生这些情况：你的笔迹颤抖；你的心跳加快；你的思想完全脱离逻辑。你可能会想，这样没关系吗？（没关系。）你可能会发现友好的鲨鱼和冲浪者与你共享这片广阔的海洋。

意识流

意识流？我写不了那么快。我甚至想不了那么快。我的意识流比光速还快。我讨厌这个地方。谁说我必须待在学校？我讨厌遵守不是由我制定的规则。布莱恩剪了头发。他看上去像一株蒲公英。你见过像一朵花的发型吗？我的朋友内特看起来就像头上戴着一朵康乃馨。一朵金色的大康乃馨。我曾经有爸爸和妈妈。现在我有爸爸，也有妈妈。但是他们不在一起了。我跟妈妈说话，忘了她已经走了。我怀疑在三千英里以外她还能不能听到我说话。她想知道为什么我从来不打电话或写信。妈妈，我说，我一直在跟你说话。你听不见不是我的错。星期四我出去散步。我带了一支香烟和一根香，但是我没有打火机。我坐在艾德娜·马奎尔中学的轮胎秋千上，唱着妈妈的摇篮曲。我肯定唱了至少六遍《你是我的阳光》。“你都不想我。”她说。“我这里信号不好，”我回答道，“你刚刚说什么，我听不见。”盖罗先生今天穿得真扎眼。我想那一定是他的衬衣。耳聋是什么感觉？

——克莱尔

善变的猴子

别让头脑劫持了你的心。

——詹姆斯·希金斯（James Higgins）

弄点零食，倒杯饮料，找一支笔，翻开笔记本。在河边、公园里、秋千上，或者你的老邻居杰克的院子里找一个安静的地方，坐下来做白日梦。然后，扣好安全带，准备好释放正在你广阔的内心世界中盘桓的东西。就是这样，信笔写下你心中独一无二的谁、什么、哪里、为什么、何时、怎样，不要控制，不要驯服。警告：你写下的东西可能是粗糙的、狂野的、真实的。没关系。我希望你见证所有的情绪。

心灵就像只猴子，总是从一条思想的树枝跳到另一条。今天你的心灵可能是一个比较、判断、提供消息的小不点儿，也可能是一个诱惑、挑衅的大嗓门，让你把写作远远地抛在脑后（我的就是）。或许你的猴子今天很聪明，用一种调侃的方式游说你：你所有的朋友都出去玩了，除了你，他们正在做世界上最有趣的事，而你没跟他们在一起。我的猴子喜欢利用同侪压力让我放下笔，到别处——任何地方——去找点乐子。没问题。只要留意倾听你的心灵想做什么，点头，微笑，然后继续写作。

为了与自己和平共处，这只猴子（我们的心灵）是我们必须命名、驯服、真正认识和与之交朋友的对象。当我们这样做时，我们可以想写什么就写什么。让笔在纸上移动总是能够帮助我完成安抚和驯服的环节。但是我不想撒谎：在平静降临之前，可能会出现丛林中心猛烈的暴风雨。而且这需要付出极大的耐心和勇气，有时候还需要用沾满巧克力的香蕉来看管你心中独一无二的猴子，而且不能相信它所设想的一切都是真的。猴子（我们的心灵）喜欢搞点脑内巫毒。如果我们允许，它们会劫持我们的心灵。我们的任务就是阻止它们！现在明白了吧？这就是为什么我说要系上安全带。

坐上几分钟之后，把你的猴子在你耳边的窃窃私语都写下来。你可能需要捕捉零星的只言片语（我就是）。然后打电话给一个朋友，邀请他加入你，写下他的猴子所有的窃窃私语。像这样跟朋友一起写作非常有趣。不过不要管你们俩都写了什么，把它们撕碎、扔掉，吃一个香蕉船，庆祝你们抛开了所有的烦恼。

向前一步

- 围绕"心灵"这个词，想用多少个字就用多少个字，找到你的猴子现在的节奏。在空白处写下思想边缘的窃窃私语，即使留下一道墨水渍过的痕迹，也没关系。
- 写一首《谁—什么—哪里—何时—为什么—怎样》的心灵之诗，就像娜塔莉做的那样。

我们的人不在一起，心在一起/停止时钟，接住球/没问题，一切都会好起来/用心花绽放的力量写完那首诗/无论你怎么做，不要让人生从你的心头溜走/我想念你，你倾听的眼神就像疯狂的心灵/我在心中的森林中为你建造庙宇/进入我独一无二的心灵更深处/在那里一切都甜蜜而狂野/并将永远如此。

谁能穿过黑玫瑰的迷宫？什么鸟儿
每天落在我的肩膀上？
哪里能找到一个地下世界，
还有一扇开着的窗？

何时握在一起的手

会敲响我的门？

为什么我的嘴巴不能离开我的脸？

X 光会如何，哦，如何影响我诗人的洞察力？

——娜塔莉

该你了

心灵的预感

预感是创造力想要告诉你一些事。

——弗兰克·卡普拉（Frank Capra）

让你心灵的预感或暗示引导你完成接下来的问卷。用心灵的逻辑代替头脑的逻辑。唯一的要求是，就像诗人简·赫斯费尔德（Jane Hirshfield）说的那样，要乐于“拥抱陌生感”。不要保守。勇敢地写出那些你以前从来没写过的东西，别怕犯错误，把恐惧感和橡皮擦一起丢掉。从来没有，以后也不会有所谓“正确”的创作方法，所以，带上你的心灵和想象力去约会，尽情享受吧。完成这份问卷之后，从你写下的东西中任选一部分，组成一首十行的诗。打乱字词的顺序，删掉一些词，再随机地填补一些词，重新组合图像，直到完全满足你的幻想。底线：今天要用你自己的方式在纸面上游戏。

如果语言是一张嘴，沉默就像

钢丝上的和平或遗忘的边缘，缠绵的疼痛或蔓延的蕨类植物；远方蓝色的地平线渐渐转为橘红；整个内心世界变得友好而专注。

双腿带我们走上楼梯，心灵引导我们

力量是朋友

白天变成了

每一个季节都在舞蹈，就像

心灵梦想着

我在寻找声母为 S 的字（声母可以任选）

心灵迅速地把事件联系在一起，就像

瓶中闪电似的时刻点亮了整个页面，就像

我在天空中拥有 / 寻找 / 失去 / 投掷（任选其一）

无论多么疲倦，我的生活勇往直前

散文诗

在一首抒情诗里，你努力创造某一个时刻的情绪体验。比如说白日梦，在做五年级数学题的时候望向窗外，想象自己在小溪边玩耍，跳过一块块石头。抒情诗有点像快照，篇幅短小，像歌曲一样表达诗人的思想和感觉（故事则必须有人物）。探索性散文让你穿越未知的时空，寻找通往属于你自己的独一无二的真相之路。将二者组合到一起，就得到了散文诗（也可以叫作诗散文）。

散文诗的好处在于它不需要叙事，甚至不需要逻辑。（是的，我在大声喝彩。逻辑的重要性被过分高估了。）散文诗欢迎陌生感和想象力，允许跳跃思维，注意力持续时间短的人群更喜欢这种形式（比如我）。通过联想，从一条思维通道跳到另一条，在描绘一幅图像时像蛇一样缠绕或者像诗歌一样跳跃。散文诗自己不做解释，也不需要解释。它不需要自白。它为什么要这样做？好吧，也许你会问，那它都做什么？它跳舞。它信任。它让读者去猜测。它充满神秘感。

要写一篇散文诗，先选择几个事实，然后把它们组合到一起，描述一个对象、一个时刻、与自然界中的某个点有关系的一个人。关注你在小溪边找到的椭圆形石头。你捡起来放在口袋里的那块。或者窗外渐浓的夜色。或者一个朋友的脚链。你可能有过这种感觉：无意中听到某个人的声音，感觉非常亲近，即使你看不到是谁在说话。散文诗的声音就像那样。你要创造和成为那个声音。太酷了，不是吗？

你会跨越几个障碍。你会的。围绕在其他人身边。破碎的渴望是旅程的一部分。编织的网。几个烛光灯笼。你旅程中的英雄一直是你自己。留着齐肩的长发。你牌打得好。刀要得快。丢几块石头。一条河流过。从一开始，你就永远不会迷路。

——集体创作

我给她指路，从一小段到好几步。我们在加拿大的夜空中寻找黑白两色。盛开的艺术送来灵感。光透过新事物而闪耀。深呼吸。假日派对上，她的脚链有柠檬的气味。心脏剧烈跳动，我们抛开了所有的悲伤。

——戴维（泰姆）

圆 圈

整个宇宙都建立在节奏的基础上。
一切都发生在圆圈和螺旋之中。
——约翰·哈特福德（John Hartford）

想象一些词语或词组，扩充圆圈的定义。然后，大胆地给你能想象到的任何尝起来、闻起来、听起来、看起来、感觉上是圆形或椭圆形的东西起名字。考虑各种可能性。自由发挥。你的圆圈形象不一定要有意义。我朋友凯西的清单就包括蛋糕托、歌剧演员的嘴、跳跃的感叹号（哦，天哪！）。找到你的圆圈节奏，不断填充这个清单，在下面的空白处写出各种圆形或椭圆形东西的名字，越多越好。你可以列出自己的魔法圆圈，也可以从下面我的清单中圈出十个你喜欢的形象。提示：今天你的圆圈答案可以是理性的，也可以进入非理性的国度。

肥皂泡	珍娜的项链	C 的尽球
奥利维亚名字的第一个音节	琼的茶杯外缘	向日葵的花蕊
字母 O	赤道	你的左鼻孔
月球的反射	你的右鼻孔	短篇小说
松鼠的眼睛	波点	云朵的形状

硬币

蓝莓

一次拥抱

藤壶

强烈的渴望

猫头鹰的叫声

一两个星球

摩天轮

粉红宇宙

烟圈

门镜

汽车方向盘

圆顶小屋

凯伦工作室里的一堆泥土

火烈鸟的眼睛

你的皮带环

得到的爱

粉刺

你下巴上沾的燕麦片

卡洛琳的婚戒

椽子

蛋黄

飞去来器飞行的轨迹

葡萄

蜘蛛网的中心

J 在后排打的饱嗝

月球石

杜克的狗项圈

你的肚脐

付出的爱

我拇指下的雀斑

一粒沙

阳光下的葡萄干

小溪的涟漪

呼啦圈

消失的回声

瑜伽教室里的钟

砰的一声

午夜狼嚎

门把手

艾琳的太阳镜

鹅卵石

念珠

圆舞

再没有比围成一圈更明智的了。

——赖内·马利亚·里尔克

使用前一章的脑洞清单，描写你是如何在一个圆圈里找到出路的。在想象力的中心划出一块空间，画一个完整的圆圈，用一切类似圆形的东西填满它，直到你在这座迷宫中再也写不下任何东西。

继续，邀请某人跟你一起进入圆舞。你会怎样做？围绕页面的边缘写字？把视觉和听觉图像重叠起来？透过强烈的渴望或者火烈鸟眼睛的透镜凝视粉红色的宇宙？飞去来器在空中盘旋，划出一道轨迹……把甜甜圈咬出一个洞？或许你可以只用比喻写出循环的句子，或许你的圆圈之旅会包括几个方块。至于进阶的“舞者”，选择你原创的五个图形，把它们写成一首诗，一首可以让你骄傲地带回家、宣布你是作者的诗。

如果我邀请你加入圆舞，

我们会

数着心跳的回声慢舞，啜饮蜂蜜柚子茶。我们会吃奥利奥，写诗描绘在树屋窗外的夜空中翱翔的大眼睛猫头鹰。我们会对着月亮嚎叫，走遍全城的小路，然后重新出发，邀请我们所有的朋友一起加入。

向内寻找____________________

凝视____________________

伸手去拿____________________

数数____________________

抓住____________________

盘旋____________________

舞蹈____________________

分享____________________

感激____________________

放开____________________

白日梦想家

我从来不让学校干预我的教育。

——马克·吐温

老师说："诗人被关在一个房间里，有人让他在一页纸的一面写下关于他自己，他确切知道的一切……然后在另一面写下他不知道的一切。"五月底，还有两个星期就要放假了，亚历克斯情不自禁地走神了。温暖的空气带着紫藤花香，从后排的窗户飘进来……忽然间，他跟好兄弟艾瑞克在学校后面的山中徒步旅行，吹着微风，像所有的好朋友一样嬉闹着。前一秒钟，他还在闷热的教室里，下一秒钟他就穿过足球场，回家去看他的小狗，发明一种创作俳句的新方法。他开始发现，最深刻的真理和他对一切问题的答案都存在于他的内心，有时候，他的想象力不由自主地游离，无法给出老师期望的答案。他学习相信直觉和本能的力量，相信在他内心深处永存的真理之光，而经年累月的学校教育总是在试图消除它。所以，当老师清了清嗓子，朝他提问道："亚历克斯，你在注意听讲吗？"他抬起头，回答说他绝对在听。

故事开头

- 最深刻的真理通常都有两面，就像月亮的黑暗面和光亮面。写作时努力去发现一个事实或故事的两面。写完下面的句子：我明确知道的是：

____________。我还不知道的是：____________。（不必让横线束缚你。在我知道、我不知道、我知道、我不知道之间来回切换，写到页面之外也没关系。）

- 你最关心的是什么？谁教会你去关心？
- 一个叫苏格拉底的家伙说过："智慧始于怀疑。"一个叫莎士比亚的家伙说过："这些话好像有些疯疯癫癫的。"追寻上课时你的心思走神到了什么地方，看看能不能用疯疯癫癫的语言，把你的胡思乱想变成一个描写白日梦的故事。从你老师说的最后一件事情开始。

该你了

涂 鸦

我的爱好是从我正在阅读的文章里选出不同的词语，
用很多透明胶带把它们拼凑在一起，组成一个我自己的小故事。
——路易斯·阿姆斯特朗（Louis Armstrong）

不管怎么努力，我还是听不懂鲍温太太讲的课，也不能理解她对历史事实和日期的热爱。坐在托德·库珀身后的第二排，我渴望用她的话在我心中描绘出一个故事，但是很难做到。我不知道我可以通过图片、比喻、诗歌、音乐和故事来了解世界。我不知道我是那种需要望着窗外，用做梦、涂鸦的那半边大脑来思考人生的孩子……大脑的这个部分对于我来说就像呼吸一样重要。我不知道我自己的感受有多深，也不知道教室里的其他人怎么样。所以我只能死记硬背鲍温太太讲的事实和日期，以考出好成绩，尽管一考完试我就什么都不记得了。我想学到关于我自己的真材实料，但是不知道我需要用透明胶带把图片和感觉粘在一起，才能给自己一个惊喜，学到我真正渴望的东西。

现在，有时候去中学参观时，我会关掉灯，坐在地板上，邀请一群学生坐下来聊天，跟他们增进了解。这能让我放松。任何人在创造他们自己的文字世界之前，如果在一个更贴近地面的有利位置，更认真地聆听、更深刻地感受，也能由此放松下来。我理解坐在课桌前、注意听讲、正确地回答问题是成功的学校教育的重要组成部分。只不过，脱掉鞋子，盘腿坐在地板上，拿一张白纸和一支喜欢的笔，能让我感觉更冷静、更不受约束，更好地找到对我来说最真实的东西。（你呢？）

思考不一定要写诗。你也可以玩文字游戏，在心里涂抹几行魔法咒语。今天，让我着迷的是螺旋、星星、闪电、金字塔、倾斜的心和数字 8 的侧面。连我的诗人朋友普拉多喜欢的、经常被忽略的害羞的圆点也出现了：

> 今天，圆点是我猫咪左眼中的绿色瞳仁，四月天空中唯一的云朵，我碗里最后剩下的脆麦片，宽恕的中心，瓢虫的斑点，失落的雨滴，歌曲末尾的高音，我们走进这个房间前都拧过的门把手。

在你眼里，圆点或者神秘的字母 O 像什么？随便写出一些。

向前一步

- 信手写满整页纸：和平标志、星星、旋涡、龙卷风、爆竹顶端的火星。你能想到的写进一首诗里的任何东西。
- 描写：你灵魂的形状、天空中的第一颗星、突如其来的闪电、消失的象形文字。将其中两种加在一起，看看它们等于什么。或者写到醒目的感叹号、困惑的问号、六个点的省略号……
- 问你最喜欢的涂鸦一个问题。（嘿，乱写乱画和涂鸦究竟有什么区别？）迷失在你自己的问题中。

> 我的房间里乱作一团。火花闪烁，
> 力量越来越强。
> 世界突然间终结，然后重新开始，
> 一遍又一遍。
> 省略号是驶向下一个句子的
> 火车车轮，或者六只
> 没有父亲的小鸟的呼唤。
>
> ——朱利安

灵魂是什么形状？
像组成云朵的水滴中间
一种未知的色彩。
种子藏在孤独的郁金香里。
宽恕的句子或者通往
那个叫作家的地方的路。
看不见的质子维护着
永远不会终结的友谊。

——莉比

该你了

味道和气味

对作家，特别是诗人的一项真正的考验是会不会描写气味。

——黛安·艾克曼（Diane Ackerman）

味道和气味的信号作用于我们大脑的同一个部分。这就是当你鼻子不通或感冒时很难享受花生酱布朗尼的原因。我们需要运用两种感官才能充分感受每一种美味：烧烤薯条的咸味、酸橙的酸味、成熟草莓的甜味、番茄沙司的鲜味、青椒的辣味、橘子的酸甜味……

填满下面给出的横线，描写你想体验的味道或气味。为了让你的私家定义更加深入人心，不要使用任何与食物有关的词语、记忆、比喻和材质。在一整页纸上画满气泡，气泡里留出足够大的空间，用味道和气味去填满它。“但是，如果我更喜欢钻石形、椭圆形或者平行四边形呢？”你可能会问。没问题，想画什么就画什么。

柠檬和光让我想起

奶奶的拥抱，她把我裹进还带着晾衣绳上阳光味道的床单里，告诉我她对我的爱无法用语言表达。

自由闻起来就像____________________

月亮的味道就像成熟的____________________

太多枯燥的作业就像____

安全感的温暖气息就像____

这就是我坐在爸爸肩头时，他头顶的气味________________________

成熟的桃子和溪水的声音把我带回______________________________

孤独的气味包括____

海边的亲吻尝起来就像____________________________________

萤火虫和没有月亮的夜晚闻起来就像__________________________

松树汁和烤棉花糖让我想起________________________________

星期五下午的味道就像____________________________________

提示

- 以感觉为通道，去接近气味和味道。海边的亲吻尝起来可以像害羞的兴奋。失去什么人的感觉可以是潮湿的，像饥饿一样慢慢接近你……

第一天

没有人知道会发生什么事：每一次发生都是第一次，
也是唯一一次。
——詹姆斯·鲍德温（James Boldwin）

你曾经说过多少次“哦，我还记得我第一次遇见你 / 跟某人一起玩 / 发现 / 尝到 / 访问 / 远行 / 尝试 / 听到……”？现在，第一次把这本书紧紧抱在怀里，对你自己，或者对一个朋友，或者对房间里的横梁和柱子，大声说出一个“我还记得第一次……”的例子。

第一次是重要的。第一次是有力量的。我们总是记得第一次的准确细节，因为我们是第一次在一种全新的环境中面对自己，这自然会让我们感觉更清醒，充满好奇和怀疑。如果我们能像第一次做某件事那样投入，那么以后在描写它时也能运用第一手的观察。

回顾几个“第一天”，可以是升入你喜欢的年级、有你喜欢的老师，第一个弟弟或妹妹的降生，第一次发现圣诞老人其实是你的父母（但愿我不是第一个揭穿真相的人），第一次跟一个好朋友相遇，第一次造访这个星球或其他星球上你最喜欢的地方。今天你想先探索哪个？

向前一步

- 你的第一段回忆是什么？
- 今天早晨你吃的第一件东西是什么？在哪里吃的？

- 如果你要离家出走，第一个会去的地方是哪里？
- 关于你的未来，你想知道的第一件事是什么？

狂野生活

徒步穿越冰雪覆盖的山峰，
路边堆满珍宝。
这是看不见的永恒。
这是让我冷静的地方。
我躺在沾满露水的草地上。
第一次，我想，这真是个好地方。
这片无边无际的绿色海洋，
很快就会被人类的双手改造。
这会是我最后一次看见它吗？

——凯勒

该你了

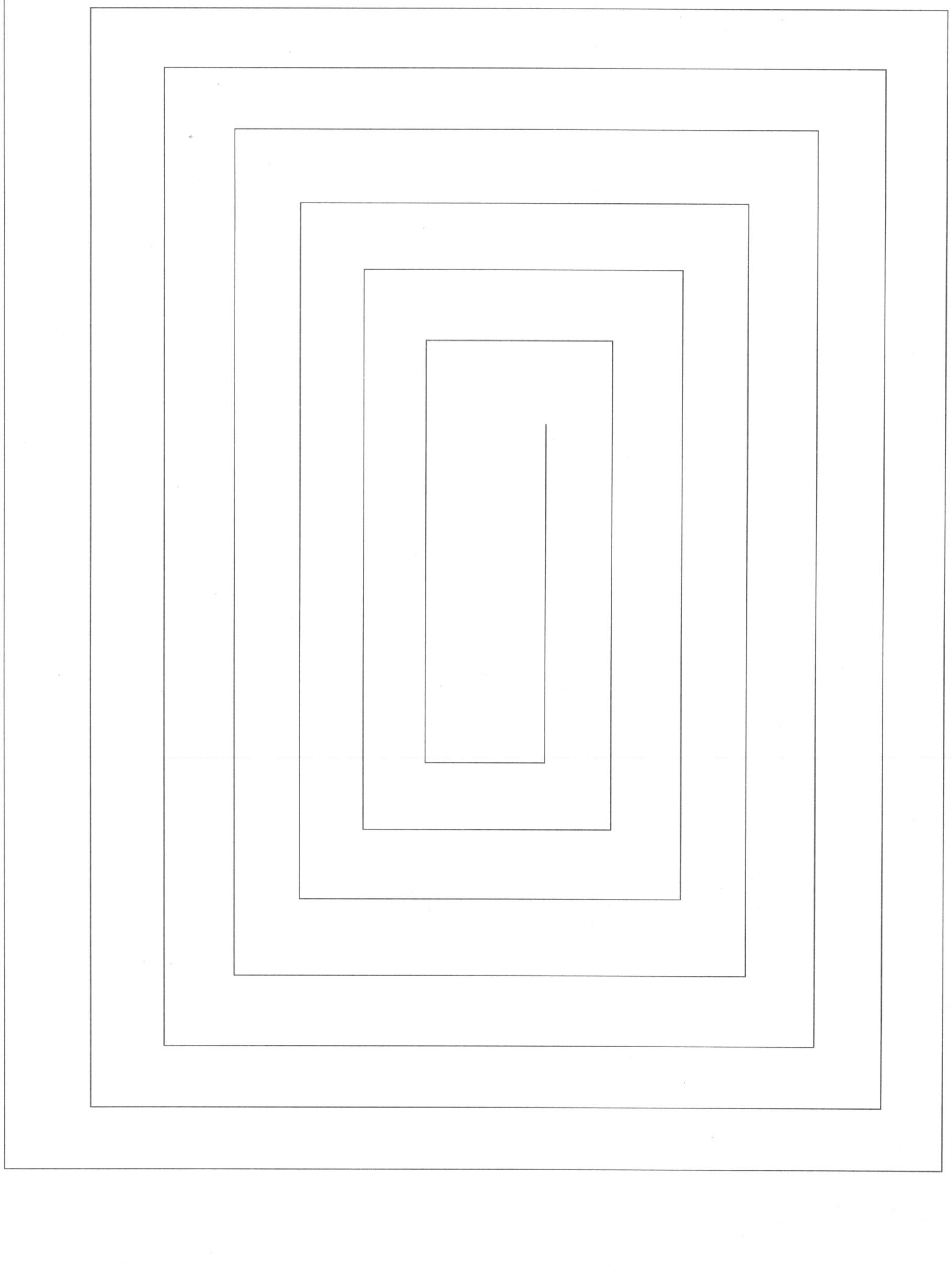

第一个承诺

我把四张图画纸粘在一起，用黑色蜡笔写上“欢迎”，把这条横幅挂在前窗的星星对面。我坐在爸爸的皮椅上等着，整个人靠在旧皮革上，两条腿耷拉在椅子边缘，双手整齐地放在膝盖上。那天晚上妈妈抱着我刚出生的妹妹回家，小心翼翼地把她抱给我看。我掀开温暖的毯子，记住她小脑袋的样子，研究她皮肤的线条。我想让她认识我，听到她叫出我的名字。我手中的重量就是我们俩的开始。

后来，我一边推摇篮，一边自言自语——等她的头发长出来，我一定要给她梳头、编辫子，就像我给所有的娃娃做的那样；我一定要教她唱我从幼儿园的钱柏林太太那里学来的儿歌，用我的玩具烤箱给她做一个蛋糕；打雷时她会跟我一起睡，这样我们就能数着彼此的心跳入睡。

有一次，我假装忽然停电了。“我得带你到安全的地方去。”我在她的摇篮边俯下身说。我稳住自己，紧紧抱着她走过黑暗的门厅，我不小心把她柔软的小身体撞到了墙上，她发出一声像是我受到惊吓时发出的那种羞怯的声音。担心会吵醒她——我不能让爸妈知道出事了，所以我把脸贴在新生儿脸上，感觉她温暖的呼吸吹在我的脸颊上。“我发誓，”我说，“下次我会小心的。”但她只是撅起嘴，把小手举到脸上，小小的指甲像钻石一样。她揉了揉她的蓝眼睛，又接着睡了。我自己抱着她，这是否意味着她属于我呢？

生活片段

- 描写一次你显然做得过火了的经历。
- 写完这个句子：这就是当 ________________ 时可能发生的情况。
- 描写一次许下（或打破）承诺的经历，用上闪电、钻石和指甲这几个词。

该你了

没什么的陷阱

我是个无事忙……在别人那里总是能有所成就的雄心壮志，
到了我这里总是一事无成，让我不得不举手投降。
——杰瑞·宋飞（Jerry Seinfeld）

你有没有过这种感觉——被关于你的生活的问题狂轰滥炸？你在做什么？你要到哪里去？你在跟谁交朋友？你是否已经厌倦了回答日期和细节？是否希望你的父母和老师别那么爱管闲事，只要放松就好？

当你被这些问题搞得喘不过气来，你有没有试过耸耸肩，转移视线，含糊其词地说“没什么”？（我就曾经这样做，躲进自己的内心世界，在身后关上好几道门。）有时候，我们都需要“没什么”的保护，特别是当我们想要从数学作业、家务活、伪装成请求的命令等围绕着我们的成长堆积起来的一切当中，找到一点空间的时候。

想想你处于自己的“没什么”模式时都会做什么。想想你说“我不知道”的时候。探索一下你的耸肩隐藏着什么深层含义。下降到“没什么”的黑暗虚无的中心，加入几个你不记得的节点，不要看，不要感觉，不要思考。你有足够的勇气去面对虚无的生命力量和它可能的真正含义吗？

向前一步

- 什么问题是你不想被问到的？
- 包括为什么你不愿意回答，你不愿意跟谁说话，你不想说什么、吃什么、抓住什么和放弃什么。

- 今天你的心、灵魂、拳头里没有什么，或者你的名字中间没有隐藏着什么？把探索到的一部分写成一首诗，就像佳妮娜做的一样。你也可以不这样做。

虚无的陷阱

我的拳头里

什么也没有，

没有爆米花玉米粒，

没有钥匙，没有孔雀鱼，

没有有毒的橡树叶或一绺头发。

没有芭比娃娃的太阳镜，

没有浮游生物或蚂蚁，

没有灼热的木炭。

没有，如果你想知道，

连一滴雨水也没有。

什么也没有——事实上，

我几乎要叫自己“没什么”了。

不可能的，忘了这回事吧。

我不这么想，转过身，别再回来了。

——佳妮娜

我的灵魂

没有露水

没有银色的蜘蛛网

没有汩汩作响的药水

没有如丝的薄雾

连一张纸片也没有——

我的内心只有生命。

——查理

该你了

让大自然做主角

正是春天/大地一片芬芳的泥泞/是春天了/

大地是个好玩的泥潭。

——E.E.肯明斯

对于一个作家来说，大自然可以是你最好的朋友，特别是当你需要从对话、解释、回答问题、言之有理当中喘口气的时候。从下面的表格中选三个词：用“和”把前两个词连起来，再用“的”把它们跟第三个词连起来。

鼓声和寂静的起伏。

继续想象这幅画面在大自然中会带你到哪里去。

带我踏上双脚踩在草地上的夜晚之旅，我敲打恐惧的高墙，掉落到世界另一端的“好玩的泥潭”中。

看看你能往这幅画面中加入多少个词。谨记诗人华莱士·史蒂文斯（Wallace Stevens）的建议：“一首诗不需要有意义，通常也没有意义，就像大自然中的大多数事物一样。”

雨	岩石	春天	雪	森林
嗡嗡声	起伏	苔藓	小径	泥泞
根	星星	黝黑	空气	闪电
天空	麋鹿	草地	薄雾	倾盆大雨
旅程	神圣	结冰	回声	溪流
橡树	峡谷	绿色	隆隆声	卷曲
火花	锯齿状	松树	榆树	雾
干旱	秋天	红树林	收获	小鱼
沙子	足迹	痕迹	露珠	流动
地球	树荫	野餐	风暴	猫尾巴
狐狸	蕨类植物	阴影	咆哮	漂流
月光	兔子	寂静	湖	山
火	急流	山脊	河	泡沫
石头	夜晚	夏天	雷	闪耀
云	蚊子	草	潮湿	猫头鹰
鳟鱼	大风	霜		

蓝色时刻

只有从心里 / 你才能触摸天空。

——贾拉鲁丁·鲁米（*Jalaluddin Rumi*）

此时此刻，你最喜欢的颜色是什么？如果你不能确定，就去一家油漆店，看看他们小小的方形色卡，选出几张塞进你的口袋里（油漆店做这个就是为了让你带走的）。回家的路上，在杂货店稍作停留，看看指甲油瓶子和唇膏管上的名字，或者找一盒彩色蜡笔。因为可能会有原子橙、狂野红、闪电香蕉莓和荧光朱红之类的名字，你需要随身带上一支笔和便利贴。

很久以来，我爱上了深浅不一的蓝色。七月的天空蓝、水底蓝、矢车菊蓝、群青色、绿松石色、天青色（顺便提一下，天青色让我着迷）。我从一个叫卡洛琳·佛姬（Carolyn Forché）的诗人那里学到，在法语中，蓝色时刻是黑夜与白天交界时的光线，是一个我们的感官觉醒、自由翱翔的清明时刻。在这个时刻，如果我们没有迷失在梦中，或者在睡眠的温暖洞穴中冬眠，我们就互道早上好。每一个蓝色时刻都与众不同，纯蓝、婴儿蓝、冬日阳光透出的蓝……

哪个时刻对你而言与众不同？正午？午餐时间？睡觉前？深夜每个人都入睡以后？无论能否自由翱翔，我们一生中这样的时刻都是有限的。不必烦恼，只要选出最能激发你灵感的颜色和时刻就好。你迟早会发现、听到、感觉到数不清的方式去描绘它。在前面或后面加上修饰语，让你的颜色富有意义。

这是我的“迟早”清单：

舞狮蓝、裂缝和脉动蓝、走向荒野的远方蓝、自由之路上的安静蓝、无所不知蓝、远距离还是想跟你说话蓝。

然后设法写出一首诗、一个故事或者回忆录的片段，找机会为你的调色盘增添新色彩。

向前一步

- 你的颜色是如何移动的？飞翔、跳跃、爬行、拖行、滑行还是改变形状？（你可以自己选择动词。）你的颜色跟谁一起，去哪里旅行？它会分享什么样的回忆？它会回话吗？在自然中，它跳跃过什么、潜入过什么、消散或融入过什么？它喜欢什么样的声音？当你把它捧在手中，拍拍它的背，会发生什么？你的颜色还有什么想要被听到、看到、分享或继续隐藏的东西？

蓝色冲击

蓝色的溪流
又稳又快
感觉太棒了
地球又变成了蓝色
树木和道路感觉到
它的到来，它们立刻
也变成了蓝色——突然间
一切都变成了蓝色。

——科林

该你了

早起者

如果你的任务是吃掉一只青蛙，
最好是清早起来第一件事就完成它。
——马克·吐温

说实话，你有没有过（自愿地）在太阳出来之前起床，就是为了看着天空一点点亮起来？如果没有，把闹钟定在清晨5点。（是的，就是这样。）你这辈子至少应该这样做一次。抑制住按下闹钟继续睡的冲动。爬起来，用最快的速度离开床铺。穿上一件羊毛夹克，带上你的毯子，抱着你的枕头，去一趟洗手间，然后到外面找一个能看到天空的地方。无论你做什么，都不要闭上眼睛。当太阳扭转钥匙、开启新的一天时，一定要做一个见证者。聆听蟋蟀和鸟儿的鸣叫，以及任何或远或近的声音：吹过枝头的风声，洒水车的嘶嘶声，垃圾车的倒车声，你的肚子饿得咕咕叫的声音。感受绵密的细雨。当清晨的阳光划破天际，所有的黑暗在你眼前消失，感受这稍纵即逝的一刻。

艾米丽·迪金森（Emily Dickinson）一定是个早起者，因为她这样写道："我会告诉你太阳如何升起 / 一次一条缎带。"描写你的清晨生活时，让自己成为一个比你认为的更深刻、更广博的人。如果你早上就是起不来，怎么办？那么，定一次约会，去看天空的光线如何消逝，数数看你能辨别和命名多少种深浅不一的粉色和橘色，用来描写云彩。

向前一步

- 写出三种你喜欢说出来或者写出来的颜色（果酱紫、知更鸟蛋蓝、日本折纸橙）。然后找出三种你相信的东西，跟每一种颜色相互搭配。颜色可以混合。你相信的东西也可以组合。

> 我相信我的心跳和果酱紫，我的猫咪温暖的肚子一起一伏，它最喜欢知更鸟蛋蓝；我相信令人大开眼界的奇迹，再用一天满足我对日本折纸的渴望，并且把这个神秘的词语跟橙色联系起来。

- 醒来后继续躺在床上，像迪伦一样唱一首布鲁斯。一定要有足够多的抱怨和重复。谁想让你起床？你醒来后她都说了什么？你怎么回答的？

布鲁斯

哦，她早上叫醒了我。
她说："快起床。"
哦，她早上叫醒了我。
她说："快起床。"

让我告诉你
我已经醒了。

我说："不，不，我要睡觉。
我要躲开早晨的暑热。"
哦，她早上叫醒了我。
她说："快起床。"

让我告诉你
我已经醒了。

——S. 迪伦

该你了

每一所房子

每一所房子里都应该有一个用来诅咒的房间。

——马克·吐温

选择一个你喜欢的房间，或者一个房间中你喜欢的地方（你的床、沙发一角、烘干机旁地板上的温暖角落）。可以是你最不可能在里面诅咒的房间。然后列出三个将你与这个房间联系在一起的词，以及三件与这个房间没有任何关系的东西。比如说你的坏脾气、一段夏天的回忆、一种天气、一段歌词、你喜欢的汽车型号，等等。例如，如果你选择了厨房，可以写：木匙、肉桂棒、摇摇晃晃的桌子（这些都能在我的厨房里找到）。你也可以写：温暖的雨水、无鞍骑乘、临时组织的足球赛（你在我的厨房里找不到这些，但是它们对我的人生都有特别的意义）。

把你的两份清单组合到一起，随意使用“的”“和”之类的词，组成听起来悦耳的句子。（这一点仅供参考，怎么做都不算错！）“在我充满肉桂棒和雨水的厨房里，木匙和我的梦——不用马鞍，骑着一匹名叫吉普赛人的马，我坐在摇摇晃晃的早餐桌旁，想起那场临时组织的足球赛，要是我没去参加就好了。”写出三个你最喜欢的地方，或者整所房子。

厨房	后院	门厅	车库	家庭活动室
更衣室	床	玄关	邮箱	阁楼
壁橱	屋顶	前廊	游泳池	浴室
靠窗的座位	柴房	地下室	起居室	浴缸
餐厅	楼梯井	树屋	淋浴间	

俳文

17 世纪的日本诗人松尾芭蕉擅长创作俳文。俳文将散文和俳句结合起来，构成一种聚焦于日常生活中的日常时刻的散文诗。俳文既有趣又足够灵活，可以容纳跳跃的思想和感觉。它们像充满感情的小故事，增添你对自己、某个地方、另一个人或者另一件东西的了解，比如摇动的微风或者离别的声音。

俳文的灵感来自关注自然、简单的对象、一个故事或者一段旅程。它们可以是片段的，包括自传、传记、日记、散文，甚至你的梦境和白日梦。它们可以从只有短短几行字到填满一本厚厚的书。把俳文想成迷你叙事。生命中那些秀而不言的时刻，事物和细节——对生活的展示，这些正是我们的想象力所渴望的。用俳文的容器捕捉日常生活中触及你的眼睛、嘴巴、鼻子、指尖，或者直击心灵的感官印象的流动（包括视觉、味觉、嗅觉、听觉、触觉），它们可能来自教室内外、诗歌前后，露露和威尔就是那样做的。你可以在人行道上散步，停下来观赏一朵花，或者想着你自己的事情时找到俳文。它们无处不在，等待着你的发现。

俳文是用现在时写作的，给人一种现在正在经历的感觉。句子很短，末尾附上俳句，像一块小小的“感情路标”，升华了你刚刚写下的内容。还记得俳句吗？就是十七个音节构成的三行短诗，用它来捕捉特定的瞬间。不需要明喻和暗喻。只要一行短，一行长，一行短。（不用管十七个音节的规则了，除非你是用日语写作。）

如果你想尝试写作第一篇俳文，慢慢来，让感觉引导你。允许自己无限接近你的生活。（归根结底，这是你的生活！）双手握住车把，带上俳文去兜风。或者跳过俳文的部分，直接创作俳句。不需要装备，不需要防晒，不需要解释。

户外，11 月初，我把脚步声留在身后。鸟儿叽叽喳喳地叫着，好像在找家。孩子们围绕着我，为他们周围的事物写诗。阳光由强变弱。每一秒钟都可能出现彩虹。男孩们努力记住他们在黑色路面上的位置。我忘记了测验。

风吹过来——
摇动的微风迷失在
空气中。

——露露

闪电刺破月光，照亮了迷雾笼罩的远方。岩石的地面像着了火。闪光灯在我脑海中旋转。魔法水滴穿过溪流，直奔海洋。我削尖的铅笔上凝结了露珠。杂草丛生的小溪从我想象力的绿色山丘上蜿蜒而下。

离别的
声音在诗歌的
结尾。

——威尔

提示

- 创作俳句时，记住要寻找那些重建某种情绪体验而不是描述它的词。我是这样记忆的：暗示的俳句是最棒的俳句。

快乐和鹅叫声

放学后，琴坐在她的朋友杰夫家起居室的榻榻米上，思考她的人生。一束阳光从敞开的窗户射进来，一向喜欢问问题的杰夫在想，今天什么样的声音最能让琴开心。这时候，一群鹅叫起来，在帕克街上拍打着翅膀。在杰夫家的前院，蜜蜂毛茸茸的身体发出嗡嗡的叫声。琴听着自己扑通扑通的心跳声，一朵疲倦的云缓缓升起，忽然间，她听到了“你好，快乐”。琴感觉对星期五下午的感激之情就像汽水中的泡泡一样涌起，尽管无法解释，但她知道，她生活中的一切——从对数学的恐惧到生病的祖母——都会好起来。她向杰夫挥手告别，走了一条没走过的路回家，一边想着还有什么让她快乐。漫步和遐想都高居榜首。她从背包里拿出的橘子尝起来是快乐的。桉树的气味和烧木头的烟味闻起来是快乐的。她看到教诗歌的老师在图书馆门前跟她打招呼，然后……快乐抓住了她的衣袖。

故事开头

- 留意那些你注意到的事。记录那些偶然间听到，让你的嘴角微微上扬的东西。一首歌的歌词，一个朋友无忧无虑的大笑，邻居家小狗欢快的叫声，甚至你的汽水发出的气泡破裂声。
- 列一份小小的清单，写下你的朋友喜欢做哪些奇怪的事。（艾瑞克喜欢不打伞在雨里走；艾丽收集橘红色的桶；米歇尔穿着芭蕾舞鞋在起居室跳舞。）从一个朋友的视角写作，为他喜欢做的事补充细节。（成为那个朋友。）

- 填空：快乐尝起来就像________，带着一点________的声音和________的光线；快乐的气味就像________，感觉就像________。就是这样。

该你了

侘寂

要理解侘寂，你必须明白美不在于对象本身——一簇蒲公英、鹅叫声——而在于你对它的体验：感受与意义、情绪，或者它在你内心唤起的氛围。

侘寂很难清楚地说明。连日本人也没有试图定义它，即使它起源于日本！侘寂并不限于艺术或自然中的发现。它可以是关注日常生活的魔法。你刚刚就座的沙发上扬起的微尘，一只蜗牛潮湿的尾迹，你上个月做科学实验时留在窗台上的碗里的梨核。侘寂关系到你对你看到的事物给予了什么样的关注。

要体验侘寂，你需要秉持少即是多的心态。寻找那些一直存在的东西。注意到你正在留意那些你注意到的事物。（说起来容易，做起来难。）转向那些独特的、不完美的、有缺陷的事物。深入没有标志的道路。独自在意料之外的地方发现特别的美。是的，甚至在稍显黑暗的记忆之中。尊重万事万物的持续变化（它们还将继续变化）。穿过一块空地，或者坐在杂草丛中。让自己置身于一个乱糟糟的房间（你可能并不需要去远处寻找这样的房间），或者主动去扔垃圾，在路上发现至少一件帮助你理解侘寂的东西。提示：在探寻什么是侘寂时，目标越小越好。

墙壁之间

医院的后墙边
寸草不生
只有煤渣
绿色玻璃瓶的

碎片
闪闪发光。

——威廉·卡洛斯·威廉斯

上学前

我的儿子踩碎了
一只蜗牛——
我听到蜗牛壳
在他脚下
碎裂的声音。
透过窗户，
我看到他
蹲在地上检查
那摊透明的汁液。

——凯伦

香味和石头

人们经常告诉我，他们童年最深刻的记忆之一

就是奶奶家的气味。

——阿德里安娜·翠吉亚妮（Adriana Trigiani）

我的朋友克里斯托弗从小就是个嗅觉灵敏的人。对他来说，香味就像有魔法，能够唤起那些他只能通过嗅觉“访问”的感觉和回忆。比如，金银花意味着黄昏的微光，以及马萨诸塞州东朗梅多他家屋后的树林里无尽的夏日时光。他相信，当他闻到一件东西，他就吸入了它的一些微粒。金银花的芬芳 = 与家人和朋友的联系。丁香花 = 夜晚和对童年的怀恋。克里斯托弗被花香吸引，研究香薰疗法，很快开始为一家制造蜡烛的公司设计独特的混合香型。他发现，有的香味能让我们平静，有的香味能让我们兴奋。什么样的香味能让你平静或兴奋？（或许你可以去闻闻一朵花或者一支蜡烛。）

选择你觉得听起来顺耳（或者能创造某种有趣组合）的一块石头和一种香味，把它们用在一个令人愉快的句子里。你可以把你的诞生石和奶奶家的气味组合起来，把它们写进一首献给童年的赞美诗：紫水晶的深紫色和树汁的香味把我带回科克大街上奶奶家的老房子，黄昏时分我们在后院捡无花果，分享一天的故事。

香味

薰衣草	桃金娘	香草	佛手柑	甘菊
白牡丹	岩兰草	柠檬	晚香玉	茉莉
香茅	紫罗兰	天竺葵	丁香	百里香
玫瑰	依兰树	橘子	白檀	广藿香
野薄荷				

石头

鹰眼石	海纹石	黄玉	紫水晶	绿松石
月长石	拉长石	十字石	天河石	蛋白石
粉晶	石榴石	猫眼石	烟晶	绿沙金石
海蓝宝石	海洋碧玉	白玉	琥珀	翡翠
蓝虎眼石	天青石	蓝纹玛瑙	缟玛瑙	

提示

- 更多香味选择参见第 56 页“味道和气味”。

戈登大街345号

这所房子是我父亲重新改建的，四棵松树的树荫下有一座禅意花园。我们在散发着迷迭香和紫丁香芬芳的房子里举办假日派对，每天晚上餐桌旁都坐着新的客人，让懒惰的苏珊把盛着自制面包的篮子递过来。我父母把一个房间租给了来自马里兰的歌剧演员海伦，她每天在浴室练习意大利咏叹调，我和妹妹就站在走廊里听。理查德也住在那里，他决定不再遵守誓言成为一名牧师，帕特努德夫人每周二来给我上钢琴课时，理查德就躲在厨房里烤布朗尼蛋糕。我妈妈的朋友马蒂每周日跑完十英里，会站在纱门前喘着气，一口气喝光我递给她的杯子里的水，对我说“太棒了，甜心”。那所房子有着长长的楼梯，克里斯汀、佩斯利、贝特西和我轮流坐在一个光滑的橘红色睡袋里滑下来，每次我们当中有人撞到门底部的猫门时就放声大笑。我和表姐唐妮把橄榄套在指尖上吃着玩，在家庭娱乐室的方格地板上滑轮滑，听克里登斯清水复兴合唱团、艾瑞沙·富兰克林和滚石乐队的歌。我们搬到中央山谷时不得不离开了那所房子，从那个夏天开始，我的家有了另外一个地址，而不再是一连串好记的数字加上一个男孩的名字。

生活片段

- 房子有时候被称为“砖头和水泥”，但是它们远远不止是构成它们的建筑材料，特别是当你在那些房间里留下了感情。列出你住过或者曾经在其中度过很长时间的房子——祖父母的家、表兄弟的家、朋友的家都算。写出每所房子的门牌号和所在的街道名，描写一所房子的外观，包括几段发生在这所房子里的回忆。这样开头：这所房子是……

- 特定的地点跟特定的人一样，会给我们留下看不见的印记。列出一些给你留下印记的地点（或人）。提示：可能是一个你想要回去，或者再也不想回去的地方。在你的记述中，提到一种天气（晴朗、闷热、多云可能有雨）、一种家用电器、一个躲藏的地方、一种化妆品的颜色（参见第 68 页“蓝色时刻”）。
- 想象你在地球上某个地方留下的足迹。描写凹陷存在的确切方位，把它作为一个长故事的开头。快点，起风了，最好是写一篇徘文或俳句（参见第 76 页“徘文”）。

该你了

秘密藏身处

菩提只向心觅，何劳向外求玄。

——惠能

长大以后玩躲猫猫也还是很有趣的。（别害羞，我还在这样做。）找一个可以避开所有人耳目的秘密地点。一个没有人知道的地方，或许只有一个最亲密的朋友和一条不会冲着你叫的狗除外。

在进入这个地方之前，想象你正要驾车长途旅行。双脚分开站立，双手在背后交握，身体前屈，手臂尽量向上伸展。（感觉自己像一只鸵鸟。）然后站直，掌心放在肩膀上。向你手肘指着的方向，对着空气说出一些秘密的词语或缩写。一切准备就绪，你就可以“躲”起来了。

进入“藏身处”之后，你可以在纸上说出你在白天或星光黯淡的夜晚说不出口的秘密。如果你不喜欢秘密，可以跳过这一页；如果你喜欢，就继续。顺便说一句，用这种方式讲述秘密与背叛信任不是一回事。这是在用你选择的形式讲述真相。我不记得是谁说的了，但是这条建议对我很有用：如果你经历过、看到过，或者感受过，那么它也是你的故事。你有权利用自己选择的方式讲述自己的故事。

向前一步

- 在清单的开头写下“我不能告诉你”。首先列出一些虚构的秘密，然后深入挖掘，看看你能揭露多少现实生活中令人震惊的秘密。一直写到你感觉到真正的力量爆发。

- 假装你身体的每个部分都有一种秘密语言。想象你的手、脚、膝盖、嘴和牙齿会说什么。搞清楚你身体的每个部分都知道些什么。（我的膝盖知道要远离足球场，我的脑袋知道要信任我的心，我的眉毛知道如何挂在脸上。）
- 你想逃离什么？你想追求什么？
- 给选择跳过这一页但是以后可能会重新考虑的人提出建议。每行不超过六个字，分享几个你的诗可能躲藏的地方。

告诉你一个秘密

诗会藏起来。就像人一样
看看周围，无论你在哪儿——
别害羞。你还活着。
问问自己最需要
找到什么。朝上看，
正对着你自己那片天空。
在湖底呼吸，在
开花的树下数
盘旋的蜜蜂。
午夜时分，
从床上爬起来，
穿过每一个安静的
粉刷过的房间。
在外面，躺在
潮湿的地面上。
邀请云朵，
银色的月亮。
聆听你的心跳。

你足够勇敢吗?

当然够。

现在拿起笔,

把这一切写下来。

——卡特里娜·特里劳妮

该你了

说“茄子”

我们在明矾岩公园的一座木桥上摆姿势。妈妈戴着椭圆形的眼镜。爸爸的胡子太长了。我努力微笑，妹妹光着脚站着，拒绝看镜头。我知道这是真的：我希望这张照片证明我们是幸福的一家人。所以我用手搂住妹妹的脖子，让她别动，面向镜头。她抱怨说想回家，想摘掉辅助轮，骑她的新自行车。我们的父母看不到我们的生活正在万里无云的天空下分崩离析。一个戴着牛仔帽的陌生人冲我们喊道：“说‘茄子’！”黑盒子聚焦，他按下了快门。

回家的路上，我噘着嘴坐在后座生闷气，妈妈哄我说：“哦，别介意谁动了、谁没有看镜头，卡特里娜。”（卡特里娜，这是她对我的昵称。）

在车库前，爸爸用窄木板搭起坡道。妹妹让我跟她一起骑车，我拒绝了。我坐在门廊上，听着爸爸为她鼓掌，喊着“漂亮！”。她获得了被我拒绝的所有关注。妈妈打开纱门，提醒我这是我自己的选择，那辆红色的自行车本来是为我们两个买的。妹妹刹住车喊我的名字时，我闭上眼睛，像个濒死的人。

后来，我跟她比赛看谁先从车库跑到起居室。我赢了，做了一个侧手翻，然后站在妈妈从旧货市场买回来的皮椅上宣告胜利。我告诉妹妹，这把椅子是唯一能够拯救我们的救生船。我假装启航，扬起帆，放下缆绳。

“鳄鱼，”我手一指，“它们正向你游来！”

“不！”她喊道，“等等我！”

我假装是个带相机的游客。“笑一笑。”我说，用食指按下快门。每次她想要爬上我的船，我都把她推下去。

“鳄鱼，”我警告说，“它们要吃了你。”我用想象中的相机拍下这一幕。

“妈妈！”她哭了，说我欺负她，给她拍那样的照片。

“笑一笑。”我小声说。(咔嚓。咔嚓。咔嚓。)

她把手伸进T恤里，屏住呼吸。她的脸颊红润潮湿。微尘和紧张淹没了整个房间。最后，我成了照片里的人，努力在一艘正在沉没的船的船头保持平衡。

生活片段

- 描写一次你做了什么事，把别人弄哭了的经历。
- 描写一次别人做了什么事，把你弄哭了的经历。
- 你拿什么开玩笑？拿谁开玩笑？
- 你记忆中有哪些定格的瞬间？

该你了

有奖派对

要想找到快乐的真谛，就该和人一起分享。

——马克·吐温

据说世界上有两种经济：一种是金钱经济，其中最重要的是数数和记录；另一种是礼物经济，其中最重要的是在一段时间内占有某件东西，然后把它传递下去。你生活在哪种经济中？你希望生活在哪种经济中？提示：当你不再关心让一切“互不亏欠”的时候，你就生活在礼物经济中。回答下列问题，然后补充你的答案，直到每个问题都有两个以上的答案。然后开始狂欢吧，以诗歌的形式把其中几行作为礼物送出去。杰西卡送出了右边的小路和她灵魂中遥远的上帝；玛德琳送出了一只熊的脚步和她写作用的幸运之手。作为爱与信任的象征，亚历克西斯送出了她的声音。用“我送给你”开头，写一首诗。这里的“你”可以是任何人。答案可以是字面意义上的事实，也可以是虚构的事实。（你已经在第3页“伸展运动”中了解这种虚构了。）

我喜欢的一种感官组合（混合了视觉、嗅觉、味觉、触觉和听觉）是这样的：

温暖的毛皮和野薄荷，潮湿的沙子和蟋蟀的合唱，奶油硬糖和篝火的热气，满月的光与远方海浪上空潜鸟的叫声。

我的终极生日大餐（包括甜点）是：

我喜欢把硬币的正反面称作：

你在我的壁橱或背包里找到的小东西：

我感觉安全的地方：

自然界中让我平静的声音：

我喜欢的字母和相应的颜色：

我最珍贵的宝贝：

某种情绪（选择一种情绪）的解药：

某种东西（选择一件东西，但不能是声音）的回声：

如果被困在荒岛上，我想要的三件东西：

我卧室窗外的风景：

一件我希望永远都能穿的衣服：

我孩提时代喜欢去玩的地方：

某种动物（选择一种野生动物）的脚印：

我喜欢一起玩的朋友：

我喜欢的早餐麦片：

玩“大富翁”游戏时我最先争取的代币：

我的出生日期：

我最喜欢的一副扑克牌：

自然诗

自然诗就像每个人都能开启的秘密宝箱。只要你有密码。准备好，拿起笔——我要告诉你密码了。但是你必须发誓你会把它传递下去。

好了，要找到自然诗的宝箱，你需要做的就是按照你所看到或听到的，一五一十地抄下词汇、短语、片段和整个句子。你猜怎么样？它们无处不在：远在天边近在眼前。在普通的路标上，杂志封面上，书名、章节标题和报纸文章里，糖果包装纸上，课堂上传递的小条里，果酱罐子上，香波瓶子上。自然诗的宝箱可以在你身边的图书馆、学校的咖啡馆、教室、便利店、购物中心、停车场或者篮球场获得。可以从你床头挂着的那张海报、街对面的广告牌、黑暗的小巷和墙上的涂鸦获得。

许多诗人将自然诗中的片段吸收进他们自己的作品。T.S. 艾略特（T.S.Eliot）的《荒原》就包括了歌剧、希腊神话和莎士比亚的名句。自然诗的宝箱可以提供最精练、最有力的句子，任你自由组合，寻找诗歌的乐趣。这听起来似乎太简单了，实际上，就是这么简单。

下面这首自然诗来自三块路标 + 我电脑屏幕上的一段摘抄 + 六年级教室门上的一张便条 + 一张感谢卡的封面。

前方盲目的弯道
降低时速，
开始看到一切事物中的神性，
但是要保守秘密。

融入其中，小心翼翼地进行。

这是一个安静的区域。诗人在工作。

不允许霸凌行为。

警告：警卫猫在执勤。

看遍所有地方

在英国牛津，卡特里娜·特里劳妮锁好天文台街公寓的门，朝伍德斯托克街上的熟食店走去。半路上，她遇见一个有着天使般笑容的女人，女人骑着自行车，车把上挂着一个柳条篮子。她遇见一个留着白胡子的男人，男人像个真正的绅士，在狭窄的人行道上给她让路。在街角，她向一个建筑工人点头致意，工人的任务是穿着黄背心站在一扇门前，门上挂着一块写着“小心慢行”的牌子。她绕过一群蹦蹦跳跳的学生，注意到垃圾清理工推着垃圾桶朝他的卡车后方走去。他按动开关，打开捣碎机的开口，卡特里娜心里涌起一个愿望，他也应该去上学。卡特里娜正要走进她最喜欢的午餐厅的前门时，一辆巴士飞快地经过，掀起了她的波点裙子的裙角。一个戴着鼻环的短发女子欢迎了她，只有一张空桌子，卡特里娜把她的毛衣挂在椅背上占座。她在柜台点了一份南瓜汤和一份芝麻菜沙拉。“要菜籽吗？”戴鼻环的女人问。“要。”卡特里娜用她最完美的英国口音回答，然后又点了最后一份巧克力派。她看到窗边的一对情侣偷偷接了一个吻，然后端着她的午餐回到座位上。坐好以后，她注意到墙上的海报介绍的是果酱工厂的狮子狗肖像展，上面用银蓝相间的字母写着“看遍所有地方”。她喝了一口汤，露出天使般的微笑。这正是她最喜欢做的事。

故事开头

- 看遍所有地方。时刻关注你周围的微缩世界中发生的一切。从你每天都要经过的一条路线开始，注意点滴的善意，包括偶然的对话：“要菜籽吗？”描写身边飞速经过的东西，天空中的东西，让你想要发笑、扭头或者想知道为什么的东西。
- 有一种说法：若你渴望奇迹，奇迹就会出现。塑造一个讨人喜欢的角色，或者另一个自我（卡特里娜·特里劳妮就是我的另一个自我），为某天下午他会感到好奇的事物列一份清单。
- 虚构你今天的星象。或许可以从阅读报纸上的星象开始，在此基础上进行加工——把它引向一个新方向，与它争论，或者为它辩护。

该你了

洁癖和泥巴馅饼

我喜欢按照高度排列麦片盒子，按照颜色收纳袜子。那又怎么样？我渴望秩序。我喜欢严格按对角线切花生酱蜂蜜三明治。我喜欢剥掉面包皮。我凡事都要列清单，床铺得整整齐齐，我恳求妹妹让我把她乱蓬蓬的头发束成马尾，这样我才能把她带给我的朋友们看。我有点神经质，不过是好的那种——敏感，富有想象力，有时候喜欢争论。我的父母都是嬉皮士，在二手商店买东西，我们的起居室是跳蚤市场时尚的混搭风格——风铃、漂流木、图案大胆的靠枕。我的父亲是个佛教徒－建筑商，试图用他独特的方式跟我讲道理，让我明白：后院的草总是会长出来的，所以为什么一定要坚持跟杂草战斗呢？他鼓励我接受每一株蒲公英，说它们像我稻草色的头发一样美丽。当然，他一点也不知道我童年的快乐就建立在我们后院的景色之上，我想要一个新名字，去过一种新生活。当妹妹在倒塌的篱笆旁边做泥巴馅饼，把小石子碾碎当作糖霜，我跑到结满蜘蛛网的棚屋里去找手动割草机。我想象当我完工时，爸爸吹着口哨，说“漂亮极了，甜心”。我一边做白日梦，一边用钝刀片推出一条条绿色的直线，我被自己的尖叫声惊醒了。在李子树下，妈妈把泥巴堆在我肿胀的脚边，那里已经被黄蜂蜇了一下。我和妹妹坐在不平整的草地上，眼睛里噙满泪水，听妈妈解释光脚和黄蜂的关系，以及她为什么要去毁掉那个泥巴馅饼。为什么一切都会长大，变得一团糟，最后死掉。(一声叹息。)

生活片段

- 你是哪种小孩？包括你喜欢三明治做成什么样。
- 跳出边界：好了，这就是我要改变的东西（或者人）。
- 你的那块擦伤/瘀伤/刺伤/疤痕是怎么来的？
- 描写如何做一个泥巴馅饼。什么？你从来没做过泥巴馅饼？立刻扔下这本书，去找一些泥土。打开水管。待会儿再回来写作。（或许应该先洗洗手。）

该你了

你真正的名字

你真正的名字有召唤你的神秘力量。

——维拉·纳格利安(Vera Nagarian)

你真正的名字不一定是你出生时别人给你起的名字，特别是因为你在这件事情上完全没有选择。有时候你真正的名字存在于你的外表之下，在镜子中回望着你。找到你真正的名字会拥有一种力量，能够帮助你想起自己究竟是谁。这里有一些建议，通过操纵词语和图像帮助你找到它。

一天下午，我的朋友洛雷尔在花园里挖掘时找到了她真正的名字：喜欢莴苣的卷发女人。我听过很多你这个年龄的孩子随心所欲地给自己重新起名字：翻着筋斗飞回家的麻雀；空翻灌篮高手；穿越阳光下蜜蜂飞舞的跑道的短跑运动员。甚至大一点的孩子也会发现他们真正的名字，有时候是在NBA赛场上，比如“慈世平”。

如果你觉得很难放松心情去找到真正的名字，那就去跟一个傻乎乎的二年级小学生一起玩，打枕头大战，或者选择一种动物的名字，就像我儿子的童子军辅导员们喜欢的那样：山猫、鱼鹰、海星、狐狸。你的动植物名字是什么？拿出冒险精神。拿起笔。填满下面的空行。多给自己一些选择。写得快或慢都可以。向意义说不。

我的名字的真正含义是

向所有在心门背后等待的人耳语的梦想家，自信、善变的女王，为她描绘出山峦轮廓的勇敢的武士。

这就是父母给我起的名字背后的故事________________

我差点被叫作________________

我喜欢的昵称________________

今天我的名字意味着太多的________________

昨天我的名字意味着太少的________________

明天我的名字可能变成________________

这是某人的愿望________________

我的名字中隐藏着________________

当妈妈叫我的名字时，我感觉________________

在内心深处我知道我的名字是________________

我的名字诞生于________________

我的名字走向________________

我名字的字里行间隐藏着________________

进一步深入探究：

你的名字有什么香味？

____

你的名字温柔吗？

____

如果你把名字弄丢了，你会到哪里去寻找它？

____

责任和通往月亮的桥

又一处露营地，这次是在肯塔基。6月底，我和妹妹吃完晚餐——豆腐意大利面和蒜蓉面包，妈妈在烧水洗碗，爸爸从背包里拿出一支手电筒。他把手电筒放在我手里，问我能不能带妹妹去刷牙睡觉。又一次要为妹妹负责，我咕哝着表示不满，然后想起了早些时候我想去游泳的那个湖。还有比那里更适合刷牙的地方吗？“当然可以，我带她去。”我说。当然，没有提到那个湖。我知道爸爸的意思是让我们沿着有照明的路走到营地的浴室，然后直接回来。等我们走出足够远，我就施展我的魔力诱使妹妹把石头踢下黑暗的小路，答应由她拿着魔法手电筒。风呼啸着，分开针叶树的枝干。远离戈登大街，我们穿过一片菖蒲地，停下来聆听蝉鸣。夜色在我们周围所有的方向上迅速蔓延，把我们拖向一个远比十岁的我魔力更强大的看不见的旋涡。黑暗紧紧跟随着我们，妹妹开始哭着说她怕黑，我指着月亮，向她保证会给她建一座桥，让她触摸到星星。我们沿一条小路走到湖边。就在这里，我把她拉进了我的故事中，不知道需要某种比对湖水的深情和承诺的魔法更加强大的东西，才能让我们永远在一起。

生活片段

- 描写一次你比自己以为的更勇敢的经历。你在哪里？跟谁在一起？暂时不需要写结尾。

- 选择一个月份、一天中的某个时间，或者一个天体——月亮、星星、金星——作为标题。然后给你的“好天使”写一封信，无论你做了什么或者没做什么，他都了解你、爱你。告诉他你想实现什么目标，需要什么样的保护。
- 当你感到勇气十足，在地球上随意指定一个地点。那里有什么危险，包括真实的和想象的？有什么魔力？
- 描写奋不顾身地潜水或者在深水区游泳的感受。

该你了

观察的方式

通过观察，你能发现很多东西。

——约吉·贝拉（Yogi Berra）

静坐能够帮助我们从一个不同的有利视角观察平常事物——甚至我们自己，感受我们对朋友、家人、宠物、世界、月亮和不断扩展的生命观的激情。一天早晨，我儿子在旅馆房间皱巴巴的床上醒来，我正在旁边冥想，他坚持说床头柜上的玻璃杯是一座冰山。我透过他惺忪的睡眼看去，那绝对是一座冰山。

要探索不同的观察方式，最好能找到一个属于你自己的安静的地方：最高一级台阶上，一棵树下，一个朋友的背后，如果他愿意的话。盘腿或伸腿坐着，腰部尽量挺直。感受脊柱的长度。慢慢地沿顺时针转动脖子。让脑海里的一切沿逆时针旋转。注意你什么时候开始思考，有没有什么文字要看，或者有没有什么人的背可以靠一下。注意你的呼吸可以多么轻柔，就像爱抚兔子的耳朵。感受你的衣服接触皮肤的地方。感受你的臀部接触地面的地方。

继续留意你注意到的东西——风的力量，乌鸦的聒噪，男孩跳过小溪喊他的狗："路易！"然后从你的意识领域中选择一件东西。可以是你的床头柜、你的左手，甚至一只乌龟，费尔南多就是这样做的。用五种方式观察这件东西。你可以把你的观察写成一首有五个段落的诗或者一个故事。

向前一步

- 诗人华莱士·史蒂文斯（Wallace Stevens）写过一首著名的诗：《看一只黑鸟的十三种方式》。找出看待一件事物的五种方式或情境。这里是史蒂文斯先生看待同一只鸟的五种方式。（自己去找到另外八种方式。）

看一只黑鸟的十三种方式

Ⅰ

二十座雪山之中，
唯一移动的事物
是黑鸟的眼睛。

Ⅱ

我有三种心思，
像一棵树
里面有三只黑鸟。

Ⅲ

黑鸟在秋风里旋转。
它是哑剧的一个小角色。

Ⅸ

当黑鸟飞出了视野，
它标出了
许多圆圈之一的边缘。

Ⅻ

河在动。
黑鸟必定在飞。

——华莱士·史蒂文斯

乌龟的五种观察

1

我想要一只乌龟。

2

好吧，事实上，乌龟爬得很慢。

3

假如我们能走得快一点，

或许就没有人会笑话我们。

4

我很好奇住在一个乌龟壳里

是什么样子。

5

你看起来总是那么孤独吗？

——费尔南多

该你了

用“你”填满半页纸

真相是对事物的感觉，而不是对它的思考。

——斯坦利·库布里克（Stanley Kubrick）

在你的创作生涯中，当你写作时——甚至当你没有在写作时——让自己感到惊讶是极其重要的。不要事先知道一切，对正在发生的一切感到惊讶，其中存在着无穷无尽的可能性。把这份问卷当作一个秘密的冒险任务，通过感觉而不是思考去发现什么。用越野的精神去回答问题，转弯时别怕冲出道路，你会发现更真实的自己。幸运的是，你怎么做自己都不会出错的。

要乐于无知。尝试创作一些让你发现更真实的自己的东西。你能失去什么呢？

为了平息我的焦虑，我想象

月亮是我的同伴，时间的碎片包裹住每一朵云彩、萤火虫和鹅卵石，我穿过帷幕般的浓雾，走向树木成行的远方。

我身体的每个部分都有一种秘密语言。我的手伸向

___

我的脚跑向

___

我的脖子弯向

我的眼睛扫过

我的心坚持

为了平息我的焦虑，我想象

我能玩转这些图像

我在这两者之间摇摆

如果你打开我的心门，你会发现

从你的问卷中选出三个答案，用任意方式把它们连成一首诗，不需要有意义。唯一的要求是：此时此地，一定要让自己感到惊讶。或许你会发出一声小小的惊呼。（参见第 207 页“‘不’‘是’和‘太棒了’”中的各种可能性。）

活在当下

科林在这里。他既不活在毫无根据的未来，也不活在已经完结的过去，而是活在永恒的当下。就在这里，真实而投入。所有的缺陷都无所遁形，不知道该怎么做也没关系。影子在他穿8号鞋的脚下跳舞。有人告诉他他的鞋带不成对，一条绿色，一条蓝色，他耸耸肩。他沿着一条新的路线骑车上山，没有带地图。就这样存在而不是行动、生活而不是表演，令人感觉双倍的自由和放松。他在生活中找到了安慰，就像他希望的那样。一路上，他看着蚂蚁行军，数着懒洋洋跳舞的云朵。活在当下而不是未来充满危险的乐趣，需要练习才能停留在一切都是未知的国度。现在而不是以后，科林可以拥有渴望已久的网球拍或者那双时髦的高帮鞋。他露出胜利的微笑，他深知生活不是比赛跑上一串长长的台阶，而是温柔而坚定地保持开放的心态，想到任何歌曲都能引吭高歌。

故事开头

- 美国著名剧作家、评论家亚瑟·米勒（Arthur Miller）说："'现在'这个词就像从窗户扔进来的炸弹，还在滴答作响。"描写你现在置身的房间，尽可能大胆地描写颜色和细节。包括每一件承载着现在的光线、兴趣、密度、节奏的东西（你的鞋带的颜色，妈妈让你带上地图，灌满你的水壶）。随心所欲地写。

- 对你自己的白日梦充满好奇。你的眼睛背后藏着什么样的画面？你的耳朵、内心和喉咙深处有什么样的歌曲？你接受和感觉到的最真实的当下的信息是什么？调整你的频率。用 X 光透视你的身体。用你的笔拍摄一帧快照。快，抓住这一刻。一切就要改变了。

该你了

表情会说话

我擅长用特定的姿势或非口头语言告诉别人我在想什么，比如说我要把我的“大富翁”棋盘叠起来回家了。我害怕自己的声音——我知道，这很疯狂，不是吗？我会用叹气或翻白眼来表达厌烦，不发一言来表达我的感受。我是个绷着脸、闷闷不乐、沉默寡言的人。扬起眉毛，伸出下巴，我能从眼睛里射出匕首，完美地保持沉默。我的表姐唐妮会（趴在地上）求我说点什么。她会为她没做过的事道歉，保证再也不会做各种各样的事，只要我肯跟她说话。一句话，我非常难相处（对她和对我自己都是，因为不说话对沉默的一方伤害最大）。我只能用姿势和表情来保护自己。沉默是我的护盾。

你用什么样的表情来表达自己的感受？你如何不使用语言来保护自己？为下面的列表补充一些你喜欢的动作或表情，决定其中一些对你或故事中的人物意味着什么。然后把这些动作或表情翻译成文字，为它们添加解释和描述。

更新：我不再保持沉默了，而是努力说出自己的意思，并且做到表里如一——尽管面对特定的人时这样做还是很困难。

拍脑袋	捋头发	保持距离	挤眉弄眼	歪头
舔嘴唇	翻白眼	握拳	咬嘴唇	噘嘴
跺脚	龇牙	耸肩	假笑	皱眉
抽鼻子	转移视线	凝视远方		

从上面的动作或表情中选出两种，组合在一起，描写接下来会发生什么……

起始和开头

谈话根本就不可能进行，每个人都在喋喋不休。

——约吉·贝拉

这里有一些你可以用在诗歌中的对话开头。一直写到你准备好另一段开头，带你去往想象力迷宫中的其他地方。来回往复，就像网球比赛，或者你与自己、兄弟姐妹、亲密的朋友，或者一只懂得在停顿间聆听（而不会用爪子抓你）的猫之间的对话。写出一段你和一个朋友之间的对话，讲一个好故事，这个朋友要懂得聆听，喜欢你本来的样子，完全了解你，觉得你非常有趣，即使你说的话没有意义也能理解你。

唯一缺少的是：

游泳训练后的夜晚，凑在盛着面汤的碗边……妈妈让我们吃完晚饭，爸爸给我们做甜点。我们没说话，交换了一个眼神：我们赢了。

我一直在想如果＿＿＿＿＿＿＿＿＿＿＿＿＿＿＿＿＿＿＿＿＿＿＿＿＿＿

但是我真的想知道＿＿＿＿＿＿＿＿＿＿＿＿＿＿＿＿＿＿＿＿＿＿＿＿

你还记得那时候＿＿＿＿＿＿＿＿＿＿＿＿＿＿＿＿＿＿＿＿＿＿＿＿＿

我想要的不过是＿＿＿＿＿＿＿＿＿＿＿＿＿＿＿＿＿＿＿＿＿＿＿＿＿

好吧，事实是＿＿＿＿＿＿＿＿＿＿＿＿＿＿＿＿＿＿＿＿＿＿＿＿＿＿

我想知道那会是什么样子______________________________

如果有____

或许如果我们能____________________________________

万万没想到，有时候我________________________________

世界似乎变得______________________________________

那不是很有趣吗，如果我们能__________________________

嘿，我有个主意，让我们______________________________

我在想如果____

无意中听到的对话

世间万物皆有灵，被它们的声音释放而出。

——约翰·凯奇（John Cage）

所有的作家都会这样做，特别是在最开始学习如何描写对话时。对话就是这样。我们有意识地聆听。我们也会无意中听到一些东西。就这么说吧——我们会偷听。但是我们这样做不是为了传闲话，或者诽谤那些不认识的人。至少，这项实验不鼓励那样做。

我只是建议你走出房间或教室，暂时摆脱刷手机的日常。转换一下背景。尽可能地接近别人，保持低调，用心聆听。捕捉每一个词语、每一次停顿、每一种语言的节奏。你的目标是：学习如何在作品中准确地模仿人们沟通或无法沟通的方式。我们都有不同的语速、填充词、中断的方法、聆听的模式……有些人说完整的句子，有些人喜欢省略，有些人用一两个字回答问题，或者不管说什么都打上一个问号。真的吗？（真的。）有些人特别喜欢说“比如”和“你知道”。（比如，你知道是谁。）

你的任务是：接近别人，别打扰他们，安静，低调。去一家咖啡馆，坐在公园长凳上，躲在副驾驶位置上（把车窗摇下来）。然后聆听。这就够了。搜集你听到的东西，以各种可能的方式记录下来。这里有一段单向的对话，是我在我家北边几英里的一所中学门口听到的。我把它写在了冰棒的包装纸上，我手边只有这么一张纸。（提醒自己：记得带笔记本！）

听着，亲爱的，我跟艾拉婶婶说了。

歇斯底里，是的。

又对艾琳婶婶大喊大叫了。

是的……

好吧，事情没有看起来那么糟，不过我们得做好准备。

她不再年轻了。

是的，就是这样。嗯，嗯。

她所有的钱。

检察官说她做了一些很不明智的选择。

最少两年。

亲爱的，我们都知道艾拉婶婶能帮上忙。

向前一步

- 编一个关于艾拉婶婶的故事。为什么她要对艾琳婶婶大喊大叫？电话那头的人说了些什么？想象这个“亲爱的”是谁。
- 聆听一段对话，忠实记录下你听到的东西，过一段时间——几天、几星期、几个月——之后再回头看它，大声朗读，加以修改。好好整理这段对话。
- 完全使用你今天无意中听到的词写一首诗。

该你了

它的声音

我爱最后期限。我喜欢它们飞速经过时发出的嗖嗖声。

——道格拉斯·亚当斯（Douglas Adams）

我刚刚知道，“noise”（噪音）这个词是从拉丁语的“nausea”（意思是疾病）来的。这就说得通了：太多的噪音让我紧张不安。但是在安静的环境中待久了，我又渴望谈话。（太多的最后期限让我有点抓狂。）你怎么样？你的有声音与安静之间的临界点在哪里？你喜欢那种嗖嗖声吗？作家似乎比大多数人更需要安静。但是，拜托，任何事物一成不变都会很无聊。

试试这个：在一个安静的房间里享受宁静，然后播放一首喜欢的歌曲，调高音量。从歌词中捕捉几个词，忘记它们的意义，只是一遍又一遍地重复。一段时间以后，你还知道自己在说什么吗？特定的词给你什么感觉？大声说出一些词，让它们在你嘴里打转，让它们的声音蔓延。远在图像和画面之前，远在意义和感官之前——远在最后期限之前，只有纯粹的声音和你的感觉。音乐能给许多作家带来灵感，因为它能唤醒感觉。（或许这就是我们约会时喜欢去听音乐会的原因。）

找到那些让你的嘴巴感觉像在尽情享受一块水果馅饼的词。写下“说”，然后列出一长串令人垂涎的词。逐一品尝。这是玛丽琳·克莱索（Marilyn Krysl）的一首叫作《说些什么》的诗作节选，当我大声朗读它时，我的耳朵和嘴巴都经历了一场惊喜派对。

说风箱，说雪橇，

说门槛、蝮蛇、俄罗斯小牛皮，

说灰烬、饰环、扁角鹿、萨克斯，说厨房水槽。

向前一步

- 寻找无意中听到的有趣的谈话片段。“哦，我的麦吉是个讨厌鬼！”（去年夏天在伦敦的一家药店飘进我的耳朵。）从你现在所在的地方找到一些声音：你的运动鞋鞋底摩擦地面的吱吱声，风穿过一扇开着的窗户的嗖嗖声。
- 搜集押韵或者近似押韵的词。你能找到多少？你能把多少连在一起？提示：不一定要有意义。

世界……黑夜

立刻……性格……骨骼

诙谐……误解

沼泽……画册

作业……直觉

风雪……明月

（继续！）

- 找一些你喜欢的词。在你的作品中组合、交换、重新排列它们。你的作品不需要看起来像一首诗。

我愿意用我的整个世界交换你的黑夜，你的性格立刻显露出你的骨骼，你的诙谐总是被误解，我们走过的那片沼泽被收入画册，总有写不完的作业耗尽我的直觉，漫天风雪中，我们仰望一轮明月。

鲨鱼的牙

一切都沉默。
噪音蠢蠢欲动，
就像
细碎的
小鲨鱼的牙。
此刻的城市
或许还有
一分钟的宁静，
紧张和危险
像鲨鱼
环伺在旁。
有时候公园里
还能感觉到
它们的尾巴和鳍。

——凯·莱安

该你了

广　播

广播是心灵的剧场。

——斯蒂夫·艾伦（Steve Allen）

打开收音机。从新闻、交通信息、恼人的广告、一首歌的歌词中捕捉几个词。然后，马上调低音量，把你刚刚听到的词填进下面的清单。提示：这种抓词游戏对电视无效，因为视觉会造成干扰。

用你捕捉到的词为下一轮写作热身。跟一个朋友一起听广播。如果你愿意，可以事先想好只捕捉特定音节的词，然后用它们创作一首音节诗。（参见第 210 页关于“音节诗”的说明。）

稍后回来____________________

慢慢地伸展____________________

整点之前 90 秒____________________

为了加利福尼亚的未来，我们需要____________________

如果你看一眼地图，你会看到____________________

她打开灯，去找____________________

用这把钥匙打开门，通向____________________

沿着丝绸之路继续前进____________________

你必须忘记这些警告____________________

我们就像火焰骷髅____________________

900 年后____________________

我喜欢这副面具____

哦，很难这样做____

你的命运不一定如此____________________________________

二者可以共存____

没有幽默感，我就不能__________________________________

坐在世界之巅，垂下双腿________________________________

这是一支来自冰岛的新乐队______________________________

对话标签和动作节拍

关于对话，你已经知道要让它听起来像日常的语言。不是演讲，不是冗长的解释。当然，在现实生活中，也有人说起话来滔滔不绝。我们都认识这样的人。但是对话，至少是好的对话，必须开门见山。所以一定要简洁。

好的对话能够表现你故事中的人物的思考和感觉。好的对话可以是有趣的、悲伤的或者骇人的，完全取决于标签。“等等，什么是标签？”你要问了。标签就是句子中的“他说”“她说”“你问”等。跟纯粹主义者不同，我主张使用多样化的对话标签，特别是因为我们除了“问”之外，还会低语、大喊、尖叫、同意、咕哝、要求、拒绝、大笑和哭泣。

不过，无论你怎样做，当你应该“表现”的时候，不要掉进“告诉”的陷阱。动作节拍就是在这里出现的。“喔，慢着，”你扬起眉毛，说，“什么是动作节拍？”动作节拍是你表现动作的时候（比如，扬起眉毛）。注意，我说的是不要用副词来“告诉”。（避开修饰词，你就避开了错误的朋友。）不要说：**“好吧，我不知道。”她怀疑地说**。相反，你要用动作节拍来表现这个怀疑的人是什么样子。**“好吧，我不知道。”她扬起眉毛，说**。你能感受到扬起眉毛这个动作是如何表现微妙的怀疑的吗？

这里有其他一些动作标签：

“哦，是吗？”他眨了眨眼睛。

“哦，是吗？”他绷紧了嘴唇。

“哦，是吗？”他眯起了眼睛。

“哦，是吗？”她傻笑着说。

“哦，是吗？”他转移开视线。

提示

- 上面这些“哦，是吗？”有着截然不同的意味，取决于不同的动作标签。“哦，是吗？”后面还能使用哪些动作或对话标签？同理：“不可能。”“太棒了！”“现在？”呢？（现在就试试看。）

耐心和牙齿

我的牙齿长得歪歪扭扭，牙缝像南瓜灯那么大。我右边的门牙有个缺口，而且已经变黄了。我有点地包天。还有很多问题。豪斯拉斯医生用一种前沿方法帮助我缩小牙缝，矫正磨牙的习惯。绑线很锋利，深深嵌进我的牙龈。这场酷刑从中学末期开始。那年夏天，我满嘴都是金属，无地自容，跟着家人从湾区搬到中央山谷的一座小城。我们以前去过一次雷德布拉夫，现在要搬到那里去定居了。我的父母在想什么？！妈妈说她喜欢小城市，爸爸喜欢低生活成本。他们向我保证我会喜欢我的新学校。班级更小，修女们穿着勃肯凉鞋。腮帮子和牙龈之间塞满了蜡，我跟克里斯汀、佩斯利、贝特西说再见，跟迈克挥手告别，然后钻进我们的白色大众面包车后座，坐在我妹妹身边，看着戈登大街从视线中消失。

新的牙齿矫正医生看了看我的“现代”绑带，告诉妈妈必须摘掉它们。是的，全部摘掉。他采用另一种正畸疗法。他使用“正畸”这个词。天气非常热。在一间可以俯瞰萨克拉门托河的有空调的办公室里，我半仰躺着，数着天花板上跟我牙齿一个颜色的瓷砖，脏兮兮的耳机中循环播放着詹姆斯·泰勒的歌曲，三十二条绑线被移除，又重新固定在我牙齿的三十二块骨骼上。我提醒自己要呼吸，一点也不害怕。相反，我想象着外面的热浪中浮现出和平标志，孩子们在河里玩漂流，邀请我一起去，我的父母和妹妹在谢尔曼大街尽头我们租来的房子里，正在新起居室里拆箱子。

我向后仰头，在强光下闭上眼睛，张大嘴巴，我知道我们最近不会回湾区了。詹姆斯·泰勒无数次唱道：“你有一个朋友。”我努力想象高中毕业时我可以拥有的笑容，希望自己保持平静、放松、真实。

生活片段

- 你的牙齿，你最好的朋友的牙齿，你的猫掉了一颗牙，你戴过牙套，你的狗有些龅牙。关于牙齿，你能说出多少细节？如果写作把你引向了另一个领域——你的家人搬家或旅行、转学带来的创伤（或戏剧性）、夏天的热浪，或者留在原地所需要的耐心，随它去。忘掉牙齿的事。
- 放点音乐，为你的牙医或正畸医生写一段简介。包括他的呼吸有什么气味，当他把手放在你嘴里还问你问题的时候，你会不会感到困扰。
- 如果你能生活在别处，这个别处会是哪里？写出你内心深处最深切的愿望。

该你了

我们的东西

如果你的衣橱中有一具骷髅，把它拿出来，跟它跳舞。

——卡罗琳·麦肯齐（Carolyn Mackenzie）

打开你的衣橱。拉出你桌子上的抽屉。清空你的背包、健身袋、口袋和钱包。在你所有的物品中间坐一会儿。你可能会发现，你有那么多没摸过、没用过，或者不知道该怎么办的东西。（我就是这样。）书、衣服、鞋、CD、文具、运动装备、游戏、首饰、纪念品、护肤品、药水，各种各样的东西。在这个不断发展的世界中，我们非常擅长获取。或许过于擅长了。小时候，我最好的朋友克里斯汀收集她剪下来的脚指甲。是真的。我的表姐唐妮收集玻璃艺术品。我的一个邻居收集汽车。许多妈妈收集她们孩子的乳牙。我的儿子收集 NBA 球衣和来自遥远国度的硬币。我收集摇滚乐、名言、诗歌和手稿。

为你有意识地收集的东西列一份清单：邮票、贝壳、橡皮筋、球星卡。再为那些你没有有意识地收集，但是已经可以看到迹象的东西列一份清单。坐在你的房间中央，认真观察：T 恤（胸前印着什么？），电子产品（都是干什么用的？），书（书名和副书名是什么？），散落的食品（空汽水罐、全麦饼干的碎屑）。继续罗列。采访家庭成员、邻居和朋友，问问他们都收集什么。做一个记者，或一个间谍。从窗户偷窥。然后找一把椅子——先把上面堆着的书挪开，然后开始写作。

向前一步

- 把一个特定空间内所有的东西登记造册：你的衣橱、健身袋、后院、总有一股看不见的力量让小东西消失不见的抽屉。然后成为你看到的东西，就像谢丽尔·斯特雷德（Cheryl Strayed）在她的回忆录《走出荒野》中写的那样："我是一颗鹅卵石。我是一片叶子。我是一棵树粗糙的树枝。我对它们毫无意义，而它们就是我的一切。"
- 把点连成线。把你的东西和别人的东西混在一起，创造另一种收藏：在你富于理解力的凝视之下，纸上的文字也可以成为另一种收藏——一首诗。

对爸爸来说，这意味着球星卡和小瓶的苏格兰威士忌，商务人士长途飞行时会买的那种，奶奶穿着粉色的睡袍，戴着发卷，留着门廊上的灯，等他回家。

爸爸作为一个建筑师，收集东西是再自然不过的，露营后拖回来的形状怪异、长满木瘤的橡树树枝，被重新设计成长凳或桌子。

他收集石头，从海边捡来贝壳。我和妹妹把他的骨灰撒向黑暗的波浪那天，我愿意用我拥有的一切交换一个说再见的机会。

——凯伦

该你了

铁丝网围栏边的人

街头很冷。四个人蹲在人行道边，分享一杯咖啡。一个女人快步走向电报街另一边。她在寻找一些老物件——壁炉架上的钟，她母亲摆饭桌用的那种蓝色的盘子，但是她忍不住看他们：这些人裸着胳膊靠在铁丝网围栏上。挑点什么，她想。在狭窄的商店里，她走过摆满灯罩、小酒杯、古董桌椅的过道，想象着那个牙齿掉光的男人对她露出微笑。她想象着他一定也拥有这些东西。东西，只是东西，她告诉自己，就像他离开他的生活、把婚姻和孩子抛在身后时告诉自己的一样。放弃一切吧：钟、夹克、盘子、妻子、工作、国家。

故事开头

- 探索附近的世界，观察一个吸引你目光的人。为他创作背景故事。一开始，大胆想象和猜测这个人是谁。加入你注意到的真实的细节（那个牙齿掉光的男人对你露出微笑），包括一两件物品（她母亲摆饭桌用的那种蓝色的盘子）。事实是：对于地球上的每一个人（已经有 70 多亿，还在增加），每一种生活中都有许多故事。好消息是：我们永远不会没有故事可以听、可以写。
- 运用你的眼睛和耳朵，做一个记者。只要事实。不允许想象。见证你接下来看到的三个人。给每个人写一则简介。不要别的。让你自己——上帝视角的“我”——置身事外。谨慎地选择一些细节，读者的想象力会提供剩下的。

该你了

四行诗

世界不过是我们想象力的画布。

——亨利·大卫·梭罗（Henry David Thoreau）

要像第一次那样看待周围的事物，你需要跳出日常生活，迷失目标，失去时间感，离开家一段时间，然后才能带着新鲜的眼光和重新聚焦的想象力归来。所以，把这本书放到一边，摘掉手表，到远处去散个步。

去年冬天，一群六七年级的学生每周三到我家来参加一个试验性的写作小组。一天晚上，我给他们留的“作业”是四处转转，随便看看。我允许他们打开门，看看衣橱、书柜和碗橱里面。你知道，就是你在别人家想做而不能做的那些事，因为偷窥是“不礼貌的”。我邀请他们想看什么就看什么，然后透过他们诗人的眼睛来写作，对我的家投以全新的关注（包括整洁和杂乱的空间）。我的要求是用一种全新的眼光，为他们看到的一件东西写一首四行诗。

你可以自己去窥视什么地方，也可以从下面的表格中选择一件东西。任何你够得着的东西都可以。如果你愿意到我家来写作，我也会让你四处看看的。

第一行：写下这件东西的名称。

第二行：把它和另一件东西相比较，或者从你的角度出发，重新给它起一个名字。

第三行：为你在第二行写下的东西填充细节。

第四行：让它更加真实，问它一个问题，比如它在做什么，或者它像什么。

铅笔	长凳	暴风雨	蜡烛	月亮
镜子	门廊	窗户	脸	狗
书	钟	耳语	隐蔽处	鞋
硬币	钢琴	袜子	猫	石头
风铃	拇指	牙签	网球拍	钥匙
吉他	汤匙			

拇指

不友好的怪男孩
由四个婶婶抚养长大，
别担心，你并不孤独。

——菲利普·达西

钟

伸出手要把我拉进去，
地上有一张脸
没有眼睛。

——迈克

你还可以试试写藏头诗，让四行诗每行的第一个字连起来组成一句话。

我今天才知道，
喜鹊喝太多可乐会变成乌鸦，
欢迎光临说太多会变成谢谢惠顾，
你的猫太喜欢你会变成兔子。

——摘自网络

该你了

书脊上的缪斯

缪斯们工作了一整天，到了晚上，她们就聚在一起跳舞。

——埃德加·德加（Edgar Degas）

缪斯是艺术家灵感的源泉。最初的缪斯——宙斯和记忆女神的女儿——是一群姐妹，也是艺术女神。缪斯九姐妹分别是：卡利俄珀（史诗女神）；克利俄（历史女神）；厄拉托（抒情诗和爱情诗女神）；欧忒耳珀（音乐女神）；墨尔波墨涅（悲剧女神）；波吕许谟尼亚（圣诗和哑剧女神）；忒耳西科瑞（舞蹈和合唱女神）；塔利亚（喜剧女神）；乌拉尼亚（天文女神）。

这个练习是从才华横溢的艺术家和作家凯莉·史密斯（Keri Smith）那里借用来的，她也是我创意灵感的缪斯之一。【只有一个理由能让我建议你放下手中这本书，那就是冲出去，去买凯莉的书：《写完这本书》（*Finish This Book*）、《混乱：事故和错误手册》（*Mess: The Manual of Accidents and Mistakes*）、《日记破坏王》（*Wreck This Journal*）、《如何探索世界：便携生活博物馆》（*How to Be an Explorer of the World: Portable Life Museum*），等等。】最后这本书就是这个练习的灵感来源。在凯莉之前，妮娜·凯查杜里安（Nina Katchadourian）也从她的缪斯那里获得过它。事实证明，缪斯网络是广阔而错综复杂的。异想天开的创意涌入开放而狂野的心灵。就像你、妮娜、凯莉和我的心灵。你准备好了吗？这就来了。

带上这本书，去你家附近的图书馆，记下所有吸引你目光，让你的心为之微笑、兴奋、动摇或颤抖的书名和副书名。写满一整页，包括正面和背面，你就拥有许多受到缪斯垂青的书名了。

向前一步

- 回到你的创意写作洞穴（就像一个蝙蝠洞，只不过有削尖的铅笔和零食），找到你最喜欢的十个书名。如果觉得有帮助，可以从你的自然诗里挑出一些词语来加以组合。尽一切努力让你的成果富有歌唱性。如果你想给它起个名字，可以叫作《流浪的自然诗》，麦肯齐就是这样做的。

流浪的自然诗

他们用绳子把我捆在石头上
回归事物的自然秩序
包括游移的目光
来自绿色的大地
将宁静放大
我用一艘小船换了一支钢笔
最后请求原谅
生活比环境更黑暗
我感到快乐
我感到并不孤独

——麦肯齐

该你了

集句

拉丁语中的集句这个词是 cento，意思是“拼接”。一首真正的集句诗是从其他人的诗歌中挑出几行，然后以一种全新的方式把它们连缀起来。你可以把集句想成文字版的拼布。集句是一种循环利用的好办法，而且我们都能做得更好。不过我不能给你打包票，任何人都不能……你必须自己去尝试。用你自己的眼睛、耳朵、鼻子、舌头和手指，去看、听、闻、尝、触摸，感受诗人玛丽·奥利弗（Mary Oliver）所说的，属于你的“狂野而宝贵的人生”。用这种方式，你能直接了解自己真正感兴趣的是什么，这就足够让你拿起纸笔，在书桌前流连忘返了。

从不同的故事或诗歌中逐字逐句地摘录五到十行文字，用能让你感动的方式把它们组织起来，创作一首集句。如果你对创作充满热情，就这么做。如果你卡壳了，就换另一种文字的素材（即另一首诗的诗句），然后继续编织。

提示

- 任何书中都能找到集句。我让特定的诗句来找到我。有时候我在编织其他人的诗句时会开始加入我自己的诗句，我称之为“混血集句”。麦肯齐是从《旧金山纪事报》的一篇漫画中找到她的集句的。
- 一个诗人朋友发现他再也写不出任何形象、比喻或集句，需要暂时停止写作，好好放个假。于是他拿起一支黑色记号笔，开始从一页文字中随机划掉一些词（然后一页接着一页），直到他发现自己创作出了一本新书。他没有划掉的那些词组成了他的集句，也可以叫作划词诗。

漫画划词诗

你相信一切？
幽灵，时间旅行，亚特兰蒂斯？
那么华盛顿完全搞错了。
你是一个全面发展的人。
你有真正开放的心态。
但是你不能再用感叹号了。
别让粗鲁的外表欺骗了你。
通常在 89% 的时间里我都是对的。
这当然很不错。
我们的成功都应该归功于编辑。

——麦肯齐

文字被忽略的诗——1966 年确立的《米兰达权利》

你有权保持
你能做到的一切。
如果你请不起律师，
我们会为你提供一位。
你有安静的意愿。
你可能违反了法律。
你可能请不起律师。
你保持沉默。你所说的一切
将提供给你。
这项权利可能对你不利。提供给你的权利。
你所说的一切都是
对的。你所说的一切可能是对的。
说你有了正确的律师。

有权利保持沉默。

举行。法庭。提供。

你不再是你了。

——查尔斯·延森

单词卡

我从小就知道，我可以把一堆文字扔到空中，
它们会自己落到正确的地方。
——杜鲁门·卡波特（Truman Capote）

你有没有过恰好在需要的时刻，偶然间看到的文字恰好能给你提供灵感的经历？当我遇到这种情况时，我会心花怒放，感谢我的幸运星。我喜欢听到一大堆文字从空中飞过，寻找我的耳朵，唤醒我的灵感，让我写出一首诗。不过，有时候当机遇去放假，乌云遮住了我的幸运星，我会通过制作五颜六色的单词卡来积极寻找我需要的文字。我的诗人朋友苏珊·伍德里奇（Susan Wooldridge）就是这样做的。

如果你想创造自己的灵感词汇表，拿出一叠小卡片、一把剪刀和任意旧报纸、杂志或者你不介意撕掉的书（属于你，而你不知道该把它送给谁的书）。然后剪下任何吸引你的眼睛、耳朵、心灵、直觉的字词、短语和片段。把你剪下的纸片堆成一堆。然后把这些剪下来的字词、短语和片段粘在你的小卡片上。（当我和写作小组的成员一起这样做时，我们会把喜欢的词大声读出来。）把你的单词卡装在一个盒子或小包里。我用的是一个蓝色的天鹅绒小包，本来是装浴液瓶子的。任何时候，当你的幸运星需要校准，你都可以拿它来变魔术。把一些灵感词用在你正在写的一首诗里，比如"逗你玩"，你会明白的。你也可以拿出一把卡片扔到空中，就像杜鲁门·卡波特那样，看看它们掉到什么地方，从那里找到你的诗。每过几个月，我就把我的单词卡扔掉，重新制作

一批，这样我便总是能拥有新鲜的原料。这一点仅供参考：扔掉单词卡的部分跟制作它们一样有趣。

向前一步

- 在下面的横线上用“现在……失去的世界……诗歌……”做标题写一首诗。
- 用你的单词卡来写这首诗。在你觉得需要换气的地方为下面两首诗分段。

现在，世界，正是如此，将信任纳入自己的轨道。就像两只短吻鳄，与它们心中的绿色沼泽战斗。警惕发光的蝎子、一缕烟、长长的阴影下的孤独之类的东西。死亡将一对父子隔开。需要和失去的伟大的心。一张纸上的历史。阴影之王打破了他的承诺。

——内森

几千英里之外，白色的蝴蝶在黑暗中闪光，就像迷雾中光线织成的网，在时间、死亡和火焰的广阔世界里——风像火苗一样越过地平线。东方的天空变成灰色，还残留着一些光线。满月偷走了死亡之桥，一颗超新星爆炸，穿越时空投下火焰和陨石。记忆的牧场着了火。失去的世界朝着天边蔓延。

——尼基

该你了

盘头诗

盘头诗（Pantoum）是一种马来西亚诗体，19 世纪传入西方，最初是一种可以歌唱的民谣诗。西方作家将这种诗体改为每节四行（参见第 137 页“四行诗”），以特定的模式重复，到最后，整首诗的每一行都被重复过，使其“充满回声”。盘头诗可以容纳你为之着迷的一切——你的外貌，一次测验，某个女孩的关注带来的飘飘欲仙的感觉，你在心中反复播放、渴望重温而不被人发现的一切。

盘头诗的规则有点像数学。每一节的第二行和第四行在下一节的第一行和第三行分别重复，以此类推。当我写作盘头诗时，会把规则写在空白处，就像作弊用的小抄。你可以在重复时对特定的字词或顺序稍作调整。有趣之处在于，一首盘头诗的最后一行与第一行完全或几乎相同，这也是循环所在。

多年来，我总是做一个在机场迷路的梦，穿着一双我姐姐的蓝色鞋子。我悲伤又迷茫，不停地从一个登机口跑到下一个，脚底磨起了水泡。最后我把这个梦写进了一首盘头诗，我猜这让它感到满意了，因为它再也没有出现在我的潜意识中，我的脚再也没有起水泡了。顺便说一句，梦境是写进盘头诗的完美“叙事”。因为梦境通常最远离逻辑，完美符合盘头诗提供的慢动作似的重复特质。

一从梦中醒来，就赶紧抓住梦境的尾巴，在纸上回放你的梦。图像可能纷至沓来。没关系，让它们自由地出现。你可以稍后再进行排序，找到你的重复诗句。

当你在盘头诗中释放对一次考试的担忧或者失落感，你可能像我一样如释重负。盘头诗可以容纳巨大的情绪，帮助你朝着相信一切都会好起来的方向前进。（一切会好起来的。）

第 1 行：____________________

第 2 行：____________________

第 3 行：____________________

第 4 行：____________________

第 5 行：（仿照第 2 行）____________________

第 6 行：____________________

第 7 行：（仿照第 4 行）____________________

第 8 行____________________

第 9 行：（仿照第 6 行）____________________

第 10 行：____________________

第 11 行：（仿照第 8 行）____________________

第 12 行：____________________

第 13 行：（仿照第 10 行）____________________

第 14 行：（仿照第 3 行）____________________

第 15 行：（仿照第 12 行）____________________

第 16 行：（仿照第 1 行）____________________

黑带

我担心这次考试。

我能通过吗?

我好像还没有准备好。

我的心中充满忧虑。

我能通过吗?

我像害怕世界末日一样担心。

我的心中充满忧虑。

我想到了考完以后筋疲力尽的时光。

我像个妄想狂一样担心。

汗水流到了我的耳朵里。

我想到了考完以后筋疲力尽的漫长时光。

我举起拳头打破木板。

汗水滴到了我的耳朵里。

我好像还没有准备好。

我举起拳头打破木板。

我希望这是最后一次考试。

——乔希·D

失去（盘头诗）

你失去了重要的东西

一条狗在城市里迷了路

我在波浪中迷了路

但是你把我丢在树林里

一条狗在城市里迷了路
一个孩子在乡间迷了路
但是你把我丢在树林里
把你的狗丢在河边

一个孩子在乡间迷了路
你在购物中心迷了路
你把你的狗丢在河边
你在一次事故中失去了母亲

你失去了深爱的人
你失去了重要的东西
你在一次事故中失去了母亲
我在波浪中迷了路

——乔希·T

红袜子和明信片

每次凯特和彼得不能决定该由谁来干书店的杂务时，他们就玩一把“石头剪刀布。”今天，凯特出了“剪刀”，彼得出了“布”，所以当他去看守收银机时，她打开一箱新的诗集。他们俩想象着打工的这间海滨书店是属于他们的。经理允许他们每周四晚上在奇幻和科幻小说的书架之间举办一个写作培训。凯特负责给出提示，彼得负责留作业。他们分发 M&M 巧克力豆和彩虹糖。每个人轮流朗读自己的作品。规则是不许评论。批评家不受欢迎。12月初，彼得去圣迭戈北部参加一个写作训练营。出发之前，他和凯特举办了一次假日展览会。他们在橱窗里堆满沃尔特·惠特曼的《草叶集》，把光打在一幅艾米莉·迪金森的肖像上。为了给彼得送行，凯莉送给他一罐燕麦曲奇和一双用细绳捆起来的红袜子。在他的第一张明信片中，彼得告诉凯莉，穿着这双袜子，他感觉自己就像汤姆·杰弗逊坐在煤油灯下写作一样。在另一张明信片中，他说自己在一座瞭望台上写一首关于日落的诗，假装是个从天堂降临的天使，当蟋蟀的鸣叫宣告他的离开时，他翅膀的末梢——跟他的袜子很配——已经沉入地平线以下。

故事开头

- 给一个朋友写一张明信片。告诉他你在做什么、读什么、穿着什么，你在想什么，你上次吃的棒棒糖是什么口味，你想到哪里的荒野去写作。你不需要在度假，也不一定要把它寄出去。

- 创造一个喜欢玩游戏的人物。他叫什么名字？他喜欢什么游戏？他读的最后一本书是什么？他说的最后一句话是什么？
- 任回忆翻涌，回想那些你想念的人。假装你又一次跟他们在一起度过一整天。你们会做什么、为什么发笑、玩什么游戏。写出一些对话，让你的读者偷听到你们说了些什么。

该你了

诗图画

像画家写生一样，只不过是用文字。

——艾德·怀特（Ed White）写给杰克·凯鲁亚克（Jack Kerouac）

在一间画廊、博物馆或者一位艺术家朋友的家中徜徉。停下脚步，认真研究每一幅画。在吸引你的画作前多停留一会儿——你不必知道或说明为什么喜欢这一幅胜过另一幅，只要让身体去感觉，让眼睛去决定它想停留在哪幅画跟前。然后多凝视一会儿。

我非常喜欢的一位诗人、普利策奖得主丽泽·穆勒（Lisel Mueller）写过一首诗，题目是《想象的图画》。这首诗说明了诗歌和绘画之间的联系，展现了它们是多么密不可分。古希腊诗人西蒙尼德斯（Simonides）说："画是无言之诗，诗是有声之画。"（再读一遍，充分领会这句话的含义。）

许多绘画是关于物品的，特别是静物画。记录下画中让你无法移开目光的物品，把它们写在一张索引卡上。列出那些你能**用手摸到**的词（柠檬、向日葵、老鼠、奶酪）。然后尝试用文字描绘一个抽象的名词：未来、过去、幸福、现在、爱、死亡、饥饿、信仰之跃、弥天大谎。用三到四行，描绘这个抽象的名词。提示：在描绘时用上你在索引卡上列出的词（橡树、日落、火车、玻璃窗）。

向前一步

- 运用文字的笔触——名词、小细节、自然物、惊人和陌生的动词——实现思想的魔法飞跃。用上不完整的句子和思想的碎片，用上你在调色盘（或者魔法“单词卡”）中收集的词。还有别忘了颜色。从这里开始：我会如何描绘……

- 其他题目：如何创造一种新颜色，如何过上幸福的生活，如何摆脱恐惧，如何建造一座通往月亮的桥……（你还能想到哪些？）

想象的图画

我会如何描绘信仰之跃
一只黑猫用三条腿跳向
一个三英尺高的架子。

——丽泽·穆勒

我会如何描绘幸福

奥利维亚和我坐在我家后院的橡树下
一块斑斑点点的石头上。
我们从斯莫克罗顿走到老磨坊公园，
吃着巧克力甜筒冰淇淋。

——艾米丽

我会如何描绘死亡

我妈妈脸上的泪水。
黑色的丧服。
把花瓣撒在
祖父的坟墓上。

——艾米丽

该你了

表意文字

灵魂绝不能全无一个心理影像而作思想。

——亚里士多德

我爸爸喜欢日本书法。他有一个大速写本、一瓶黑墨水和一支特殊笔尖的毛笔，放在我们起居室里那张他用漂流木做的桌子上。在这里，他盘腿坐在地板上，练习书写日文汉字的笔画，每个字都有自己的意思，对应一个特定的单词：花、太阳、云、风暴……我爸爸对日语一窍不通，既不会说也不会读，不过他喜欢禅宗，每天静坐冥想，并且尝试用紫菜、米饭、鱼和一种我喜欢称之为芝麻海盐的香料做料理。他在书法中找到一种宁静和简单的美。有时候他把自己写的卷轴挂在墙上，问我和妹妹觉得他写的字看起来像什么。“一只正要扑过来的猫。”我说。“是纸杯蛋糕！”妹妹坚持，这是我们家小狗的名字，是爸爸妈妈让她给小狗取的。

找一些你喜欢的汉字或日文汉字。我最近认识了星星、精神和日出的日文汉字。然后拿一支笔——如果有毛笔更好——在你的“作家之眼”的帮助下，为你从一个特定文字的“图形”中看到（或听到）的东西写一首小诗或一个故事。马克·吐温说：“当想象力失去焦点的时候，你不能依靠你的眼睛。”所以关注并相信你看待世界的独特方式，从你创造的联系中发现特定的细节——描绘你对某个选定的表意文字的感受。完全可以是虚构的。我们的想象力总是邀请我们放松，尽情游戏。接受这个邀请。你的表意文字可以看起来像一场逼近海岸的飓风，鱼鹰在海滩上飞翔（描写波浪、逃跑的鱼和接近岸边的鲨鱼）。

另一个表意文字可以像一声霹雳、一缕烟、忽然爆裂的火花，照亮一个朋友上山回家的路。

向前一步

- 从下面选一个词放在诗的第一句：围绕、后面、下面、那头、中间、里面、穿过、靠近、顶端。然后，无论你看到或者想象自己看到了什么，就写什么。在一次诗歌训练营中，一个学生写下了：大海那头、岛上面、洞穴里面、一个白胡子老人坐在火边，清洗他的毛笔，哼着一首我几乎听不见的歌。

茅草屋顶的鸟舍里面，
一个梦坐在一窝蛋上。
一个蛋里有个长胳膊的人
已经学会了如何玩杂耍。
破晓时分你听到
一声小小的爆裂声，
朝窗外看去，看到
一个新世界，一个小人
玩弄着暗物质、星云和行星。

——帕塔·塞蕾娜

一个问题里面：回声在飞翔。
一滴雨水落在曲折的道路上，
与失落的音乐融合在一起。
迷离的月光下，
没有被提出的问题
找到了它们的答案。

——萝拉

该你了

竞争和溢出的汽水

我们在楼上等爸爸。我们趴在窗口，看着下面破碎的路面。我把手肘抵在窗框上，告诉妹妹如果我把身体探出去足够远，她就能从里面看到我。我夸口说我肯定能比她探得更远。她提高了赌注，坚持说她能自由落体。感觉好像我们已经在坠落了似的，我赶紧抓住她瘦瘦的胳膊。电话铃声响了，爸爸打来说他正在回家的路上。我关上窗户，我们到楼下去等。我们坐在路边，我摸着妹妹胳膊上的血管，想象那是一幅地图，能带我们回到从前在戈登大街的生活中去。

爸爸把他的蓝色皮卡停在路边，按了两次喇叭。我们跳进车里，他开到了一家我们都喜欢的餐馆。他停好车，关掉收音机，敲着仪表盘说："我们走吧。"我们走进餐馆时，绿色的新招牌一闪一闪的。我稍一犹豫，妹妹已经迅速挤进了隔间。女招待嚼着口香糖。我们盯着她前胸的衣褶。

妹妹瞪大眼睛，抱怨说她的汉堡不要酱。爸爸叹了一口气，用叉子侧面把他的烤马铃薯捣成泥。我沉浸在自己的故事中，想象我的泡菜是一只长疣的青蛙。

爸爸笑了，妹妹把手伸到桌子另一头，碰倒了她的杯子，可乐在我们俩之间流成一条小河。天哪，爸爸的声音提高了，脸上冒出好多红色的斑点，像他碰到毒栎叶漆那次一样。我递过我的餐巾，妹妹咬住了嘴唇。这是我们的舞蹈。我们的爸爸看着这场表演。我忽闪睫毛。她伸出舌头。我们都相信如果我们不再争夺他的注意力，这个点了一份酸橙派的男人就会噗的一声消失。

生活片段

- 你要争夺谁的注意力？跟谁竞争？在我身上，一些最激烈的竞争发生在我自己和我善变的心灵之间。
- 你害怕发生什么事？一点一点把它写到纸上。不要强迫自己，让每个字按照它们自己的速度浮现。
- 邀请父母中的一方去约会。你会邀请谁？你们会去哪里吃饭？你跟自己约会过吗？如果没有，为什么？

该你了

捕捉自我的网

有些人的阳光不曾遗漏任何一平方英寸的土地。

——沃尔特·惠特曼

照照镜子。噘嘴。皱眉。伸舌头。虽然在外人看来你是一个整体，但你是否有过那种模糊的感觉，好像你的一部分——思想、遗憾、过去的对话、故事、流逝的时间，以及心灵的神游——在你背后像发光的以太波一样盘旋？

这个问题看起来有些遥远，的确如此。但是话说回来，能量在时间和空间中以不确定的方式移动。艾尔伯特·爱因斯坦把量子物理称为“幽灵般的超距作用”。我的朋友伊丽莎白毕生都在研究能量。她想象自己在一张金色的网中，从过去的事件（那些思想、遗憾、过去的对话、故事、流逝的时间，以及心灵的神游）中回收她所有的“个人能量”，由此解决了能量“泄漏”的难题。通过这种方法，她让自己完全置身于当下，随时随地了解自己现在是谁。伊丽莎白说，每个人的能量粒子或多或少与其他人的思想、故事、梦想和能量粒子掺杂在一起，通过看不见的金色的网，她理清了自己的能量粒子。这种努力让她感觉更强大、头脑更清醒，因此她可以更加没有负累地投入生活和写作中去。

起初，我觉得这一切听起来有点奇怪，直到我尝试找到属于我自己的网（银色的，点缀着蓝色的斑点）。这花了我一些时间——我身后留下了一长串需要补课的尾巴，但是你猜怎么样？这很有效。我感到更安全、更强大、更有活力，简而言之就是聚焦，更像是我自己的最清晰版本。伊丽莎白的秘诀让我所有的能量回到自己体内，没有任何负累。我的感觉就像是被一道温柔的闪电抚过，或者是我的名字被东方的书法书写。

关于伊丽莎白这张看不见的网的秘诀，最棒的地方在于：你可以自由创造任何颜色的网。一个星期中每天一种颜色。每套衣服一种颜色。黄绿色配粉色波点。白色配蓝绿条纹。黑色配黑色。一张网上有动物头或个性涂鸦。描绘你的网，以及你要用它取回的第一件东西。你创造了它，给它命名，使用它。它是你的，用它取回的一切都是你的。

向前一步

- 用"我找回了自己"开头，找出三个以上你可能纠缠不清的人或地点。（不需要按照时间顺序。）

我从跟爸爸妈妈和艾莉一起露营的那些经历中找回了自己——跟 R 一起徒步旅行，还有那次跟 O 约会，我们争论着离开火车站时到底是谁把装纪念品的袋子落在了座位上……

- 给那个你发现自己在写作的时刻送一份礼物，任何东西都行（比如一次邀请）：

我注视着隐藏在蓝色天空背后的残月，我知道即使有时候看不见，但是那里有一个完美的球体。我把文字献给你的心，你的眼睛读着这个深夜里写下的句子。我友好地低语：嗨，你好吗？我们找时间谈谈吧，分享一段美好的时光。

该你了

急救和蜘蛛

得意时要善待别人，当你失意时他们才会善待你。

——吉米·杜兰特（Jimmy Durante）

沿着从墙上一直流到地板上的一条水迹，艾丽斯看到了那只蜘蛛。毛茸茸的，比50美分硬币还要大。她忍住尖叫，跪下来研究它的躯体。“你走错方向了吧，小家伙？”艾丽斯喜欢蜘蛛，但是更喜欢它们待在屋外的网中。她拿了一个空水杯，朝蜘蛛扣下去，心想自己没有把它碾死是多么仁慈啊。但是蜘蛛朝左边虚晃一枪，她把玻璃杯朝同样的方向移动了一点，结果扣下来的时候切断了它的一条腿。她一路追到窗边，又切断了蜘蛛的两条腿。没有流血，但是这个家伙显然比几秒钟之前变小了。准备把蜘蛛扔到常春藤上时，她发现它只有四条腿了，而不是与生俱来的八条。艾丽斯低头看着自己健康的双腿和双脚（还涂着紫色的指甲油），担心它现在这个样子在外面无法生存。她只是希望帮它回家。现在不可能不去想到世界上的痛苦和伤害了。她痛苦地把它放回藤条的枝叶间，关上了窗户，发誓下次看到蜘蛛再也不管了。她爬上床，关掉灯，用被子裹住自己。黑暗中，一首关于蜘蛛的诗爬进了她的脑海。

故事开头

- 你有没有过本来想帮助别人——人、爬虫、青蛙、蜘蛛，结果把事情弄得更糟的经历？从你的生活中找一个类似的“我只是想帮忙”的故事。用这句话开头：那天，事情突然变了……

- 找一张蜘蛛网，观察这个天生的艺术家创造的错综复杂的细节。想到什么就写什么，从一边写到另一边，或者写成一张网的形状。然后转换视角，从蜘蛛的视角写作。

该你了

影子世界

恐惧有巨大的阴影，但它本身非常渺小。

——J.露丝·贞德莱尔（J.Ruth Gendler）

我们每个人都有影子，它是我们黑暗的另一面，即使当我们站在直射的阳光下。但是，当我们转身接纳自己身上那些不喜欢（或者认为应该改变）的东西，我们可能惊讶地发现，那里保存着许多创造性。纳撒尼尔的影子在夜晚苏醒，跟月亮玩捉迷藏，冲过回家的最后一英里，知道没有什么是真实的。纪美子的影子寻求和平共处，感觉就像一张柔软的蜘蛛网。

如果你感到好奇，去探索你的影子究竟有多少层。看看它是否喜欢散步、发呆、撕纸、找借口、感受风吹、品尝雨水、拯救蜘蛛、对抗重力、涂指甲油……把你的影子当成一个想象的朋友，带它做一次小小的旅行。（或者让你的朋友带你去旅行。）用一种和解的态度回答下面的问题。当你和你的影子找到一处恰好合适的草地仰望星空、讲笑话、吃野餐时，享受这份快乐。

你的影子从哪里来？

它从天空掉到海里，一路仰泳游到这里，在这个白日梦里遇到我，用一首歌来解释为什么我不能用冷酷无情的眼光看待任何人……即使那个人大错特错了。

你的影子不能接触什么问题？

你的影子喜欢的游戏是什么？喜欢的夜宵是什么？

你的影子喜欢穿什么衣服？

什么是你的影子不知道的？

你的猫和狗如何对待你的影子？

你的影子最喜欢的公路旅行是从哪里到哪里？

你的影子搞了什么恶作剧？

什么事情你的影子做过一次？两次？三次？或从没做过？

你的影子朝着哪个方向成长？

你的影子听什么音乐？

你的影子做过的最可怕的事是什么？

到目前为止，你的影子在什么时间、什么地点最快乐？

你的影子的表面飘浮着什么？

你的影子心中隐藏着什么？

什么让你的影子发笑？

你的影子渴望跟谁跳舞？

提示

- 把影子的一些答案拿到聚光灯下，创作属于他的诗。让图像一个接一个地跳出来。忘记它们本来应该出现在什么位置。
- 这样开头：你听说的都是真的，我的影子……
- 在诗中的某个地方直接跟你的影子说话。
- 对你的影子说一番鼓舞士气的话。写出你的发言。

失望和救生筏

我站在楼上浴室的淋浴喷头下，让冷水淋湿我的头发、脖子和睡衣。我哆哆嗦嗦地回到床上，乞求睡神赶快把我带走。我们住在雷德布拉夫由我爸爸重建的阳光明媚的公寓里。白天，温度高达 120 华氏度，感觉就像在另一个星球上。晚上，热气从主路上渗出来，像热病一样升到二楼，找到小床上的我。我真想念几句咒语，把我们令人窒息的生活——妈妈的愤怒、爸爸的否认、妹妹的恐惧、我的困惑——变成清凉宜人的理解。但是我的魔法已经用光了。楼下，妈妈正在为她的礼品店订货和付账单。楼上，爸爸正在洗碗，往一个蓝色的罐子里注满凉水。他保证我们不会缺水，会吃得饱饱的，安全无虞。他把风扇调到低速，告诉我们他爱我们，然后出门散步去了，他每天晚上都要走到街角的沙龙。他只去了一个街区以外，但就是在这个夏天，他永远消失了。我躺在床上，墙壁另一边是我的妹妹，我听着她温柔的鼻息，伴随着风扇转动的嗡嗡声。我凝视着天窗，梦想着乘一个足够大的救生筏逃亡，大到可以容纳我努力想变成的那个女人，张开双臂拥抱着一个小女孩——那是过去的我。

生活片段

- 把这页纸当成一个可以信任的朋友。告诉它一个夏日的秘密、失望的秘密、中途暴露的秘密、对父母生气的秘密，或者希望过上另一种生活的秘密。

- 选择任意一个年份作为标题，描写那年发生的一件重要的事。在作品中提到你家里的一个房间、一件琐事，或者你皮肤上的一种感觉（灼伤、起皮疹、被冷风吹、瘀伤）。
- 放手的感觉如何？放手的感觉就像 ___________，跟 ___________ 纠缠不清，感受微风的吹拂 ___________（参见第 205 页“如何描述你的感觉”的脑洞清单，寻找灵感）。

该你了

首语重复法

“anaphora”（首语重复法）是一个希腊语单词，意思是“回溯”，最初用在祷告诗中，指的是重复一系列句子或段落开头的词或词组。首语重复法对于制造诗意效果特别有用，而且能够强化一首诗的情绪。你可以自由决定一首诗中有多少行要使用首语重复的开头，可以用任何词或词组，把首语重复置于诗的中心或者放逐到诗的边缘。（如果你想把重复行放在段落的最后，这叫作尾语重复。）

图画诗人乔·博雷纳德（Joe Brainard）用首语重复法写了整整一本书，描写了他在俄克拉何马的成长经历。（“我记得，市中心，人行道边满是抽大麻的人 / 我记得，一家鞋店门口有一台大大的 X 光机，显示出荧光绿色的脚骨形状。”）要用首语重复法写诗，你可以像乔一样用“我记得”开头。或者用“我害怕”加上你害怕的东西，即使在你的年龄，你认为自己不应该再害怕那些东西了。（如果你什么都不怕，也可以，用“我不害怕”开启你的阳关大道。）

下面列出了一些可以用于重复的短语，也有一些你这个年龄的孩子会跳过提示，直接用首语重复法去探索更深刻的真相，让他们的耳朵得到享受。

我不介意……

这是如此神奇……

在荒野中……

需要无穷的时间来雕刻……

别介意……

正如你看到的……

我只想要……

我卡在中间……

你还记得吗……

我记得……因为……你

你

你是

你是你

你是你自己

你是比你自己更好的人

你近乎完美

你不能被毁灭

你是唯一

你是我点燃的爆竹

你是这个大世界中的一员

你是不管他们说什么。

——艾莉

你还记得吗，我脆弱敏感，

而你坚强迟钝？

你还记得吗，拿她粉色的头发

开玩笑？你还记得吗，

当我远在千里之外？

你还记得吗，蝴蝶

在黑暗中闪光，就像时间、死亡和火焰的

广阔世界里，迷雾中

光线织成的网？

——莎拉

海市蜃楼

另一个炎热的下午，另一条潮湿的公路在延伸，我想跟朋友们一起待在家里，但是我的家人又拖着我去露营，从加利福尼亚到缅因州然后再回来，在整个美国地图上画十字。亚利桑那、新墨西哥、俄克拉何马、密苏里……我被炎热唤醒。我的光腿黏在座位上。我像一条舌头分叉的恶龙，不停抱怨我有多么悲惨，直到妈妈承诺等我们到了俄亥俄，会住在有游泳池和客房服务的旅馆里。地图上圈出的今天的露营地位于肯塔基休闲度假区的湖间地。我无聊透顶，再也不想跟妹妹玩拼字游戏了……我身体里的恶龙正舔着一支樱桃棒冰，凝视着远方。当我指出道路尽头的水面时，爸爸告诉我，不是那个。湖间地没有一百英里那么远。他又向我解释什么是海市蜃楼，就像他告诉我雷声和闪电哪个先出现时一样。一次暴风雨时，在家里，我数着自己的心跳，妹妹跑去警告妈妈我们快要被烧着了。现在，在后视镜里，爸爸看到了我眼中恶龙的目光，朝我眨了眨眼睛，送给我一个吻。他拉起妈妈的手，哼起一首爱情歌曲。但是我知道不是这么回事。我从侧窗看出去，想象一个有滑梯的游泳池，我能潜入最深的水底，褪去我的鳞片，在池底翻筋斗。在这里，我可以重新变回一个公主。有四个便士在闪闪发光，我要和妹妹分享这座宝藏。不过有一个硬币我够不着。当我睁开眼睛，我们又回到公路上，朝着太阳行驶。道路被泪水淹没，我为我们的未来想象的童话故事像海市蜃楼一样闪烁着微光，恶龙的呼吸伴随着日落，消失在公路尽头。

生活片段

- 什么 / 谁从你的生活中消失了？
- 当你向前看，你会看到什么？
- 这是怎样的一年——提出问题还是回答问题的一年？都是些什么问题？你找到了什么样的答案？
- 描写一个梦，或者重新讲述一个童话故事，就像它是真实发生的一样。在你作品中的任何地方都不要说“然后我突然醒来”。
- 今天你感觉更像一个王子、一个公主还是一条恶龙？

该你了

世界上任何地方

从安全的港湾里扬帆出行吧。

乘着信风，去探索，去梦想，去发现！

——马克·吐温

世界上有那么多岛屿要登陆（或者离开），那么多山峰要攀登，那么多河流要漂流，那么多路要走，那么多国家要探索——和写作——我们却没有那么多时间去环球旅行。但是人生短暂的事实不能阻止我们在有生之年，尽可能多地造访这颗蓝色星球上的角落和裂隙（海滩、农贸市场、公园、面包店、徒步路线）。

这里随机列出了一些地点，我喜欢它们的发音，有的我去过，有的梦想着总有一天要去。给你自己生命中的地点列一份清单。从你的出生地开始，包括你家乡的具体地点、你去过的地方，以及你想象在未来要去的地方，或者按照字母表列出每个字母打头的城市、州和国家。或许可以包括你准备到那里去的交通方式，以及你打算跟谁一起旅行。我的朋友普拉托梦想着撑船沿尼罗河顺流而下，坐在茫茫黄沙中的斯芬克斯像的大腿上。我有一次跟一群羊一起爬上品都斯山，它们毛茸茸的脖子上的铃铛叮当作响，把我领到一处秘密草场。

科尔特斯海	风河山脉	太平洋山脊步道
加拉帕戈斯群岛	夏威夷霍诺卡	塔希提岛帕皮提
得克萨斯奥斯汀岛	路易斯安那新奥尔良	丹麦哥本哈根
缅因州罗克波特	亚速尔群岛	塔萨加拉
惠德贝岛	大堡礁	乌兹别克斯坦塔什干
日本京都	苏格兰天空岛	英国牛津
巴厘岛乌布	西西里岛特拉比亚	密西西比三角洲
桑格雷－德克里斯托岭	明矾岩公园	印度达兰萨拉
伯利兹	危地马拉阿蒂特兰湖	哥斯达黎加
白令海	纽约	胡志明市
青藏高原	亚利桑那佩恩蒂德沙漠	月球

拿出你的勇气

但是要勇于书写你的梦想，这是为了你自己。

——梅·萨顿（May Sarton）

当我们遇到内心深处那些让我们战栗、扭曲、发抖、肝胆俱裂的障碍时，需要很大的勇气才能坚持写作——你知道，就是那些散发着霉味，感觉好像挤满了吸血蝙蝠的地方。你也知道你必须走进去，降服蝙蝠（和恶龙），用勇敢的光芒驱散你的恐惧。但是，为什么？你会问。因为这是释放陷入困境的巨大能量的唯一方法，你的写作需要这些能量。

你不必回答这份问卷中的每一个问题，只要选择其中一些，然后追随你的答案。用你能够拿出的最大勇气，有没有意义都没关系。把最有魔力、最真实的答案组合在一起，是的，也包括一两个包含黑暗和恐惧的答案。你冒的风险越大，就越能揭示出关于你自己的以前不知道的东西。

如果穿过一个遥远的山谷，我的声音变成

一根藤蔓，然后紧紧缠绕成一座摇摇欲坠的桥，我必须说服自己走过去，一寸一寸，我的生命在时间的山谷里回荡，当我在天空中坐在你身边共进晚餐，分享一片酸橙派，我明白了你为什么要离开，为什么你会死去。

今天，我只想要：________________________________

在我的恐惧洞穴里，我找到了这些“如果”的问题：

____

放开理性的束缚，这些不再是不可能的：

____

如果我没被吓坏，这是我去过的第一个这样的地方：

____

如果我跑到中间，我会发现：

____

我的心底是：________________________________

推到一边的是：________________________________

站在眼前的是：________________________________

想要引起我关注的是：________________________________

有一天我会发现：________________________________

跳跃和事实的碎片

生命是几十亿个细胞，一时兴起要在一段时间里成为你。

——格劳乔·马克斯（Groucho Max）

找一处人行道、绿化带、长长的车道或者废弃的跑道，忘记可能有人在看。然后跳跃。来吧，你知道你想这么做。在特定的年龄之后跳跃的效果被低估了。如果有人嘲笑你或者问你在干什么，告诉他们这是为了一项创意写作实验。告诉他们你必须这样做。然后至少跳个五分钟。就像获得了自由，就像一匹野马或者一只冲出笼子的小鸟，头发在风中飞舞，摆脱一切担忧和牵挂，双脚离开地面。

然后用像跳跃一样的节奏写作。对于那些习惯用完整句子写作的人来说，这意味着反其道而行之。用片段和思想的碎片来写作。这对有些人来说会是个挑战。特别是如果你已经上学了，要写完整句子的规则在你的头脑中已根深蒂固。今天，抛弃所有正确和错误的考虑。打破规则。从心中唯一的规则手册中撕掉一页，做你喜欢的人，爱你喜欢的人。在跳跃之后，写出你生活中的若干片段。如你所知。就是现在。畅所欲言。不会有害处的。拉钩。

向前一步

- 从远处观察你的生活片段，成为另一个人，用第三人称写作，使用不完整的句子：她蹦蹦跳跳地向市场走去。下午晚些时候。夕阳斜照。桉树的芬芳。世界在眼前展开。是的，有洋蓟。没有手撕猪肉。坐在海滩上。数着土星环。拯救受伤的小鸟、失去的记忆和零星的词语。
- 跳跃或飞奔的感觉像什么？或者，你已经忘记如何跳跃了？

祈祷

我们的问题——可以把你也算在内吗？——是我们不知道如何开始，如何闭上眼睛，让什么东西在我们的内心和嘴唇之间翩翩起舞。我们不知道如何跳过房间，只是为了享受跳跃的乐趣。我们走、跑，但是跳跃呢？还有它的伙伴飞奔，我们在空间中移动的无用的、想象的方式，就像在学会装上马鞍之前策马奔驰，我们对一切还没有自己的观点，只是喜欢风吹过面颊的感觉和远方的地平线。

——斯图尔特·凯斯滕鲍姆

该你了

挫折和翅膀尖

B.J. 一大早就回来了。克里夫完全没有意识到，吃完早餐的高蛋白脆片，然后走到露台，用它一贯的精力旺盛的方式迎接新的一天。在倒挂金钟旁边，它在花床上划出自己的领地，开始每天的清洁前爪的仪式。就在那里，悬铃木最低的枝条上方，B.J. 栖息着……跳上篱笆……又跳回悬铃木。B.J. 疯狂地飞舞，吸引了克里夫的注意。嘿，这是怎么回事？克里夫喵喵叫着。房子里充满了准备去上学的声音。燕麦粥在炉子上冒着泡泡，杯盘和勺子的碰撞声不时被门廊那头的问题打断："谁看见我的作业了？"不过克里夫有个大问题要解决。忽然间，B.J. 猛扑下来，用翅膀尖扫过它脖子后面的毛。克里夫转身，抬起一只爪子，张大嘴巴朝那只胆大包天的鸟儿叫着。"你在干什么！你这只疯鸟！"克里夫吼道。B.J. 回嘴道："离我的窝远点，肥猫。"没有人想要这样跟这只十八磅的猫科动物说话。但是，如果我们变成鸟，看到这个灰白毛的胖家伙在自家鸟巢的树下徘徊，我们也会做同样的事。

故事开头

- 注意一只动物，观察它的生活。它在哪里徘徊、吃东西、睡觉？你想象它夜晚的叫声是什么样的？把这只不会说话的动物的一部分思想翻译成文字。
- 从有九条命的猫的视角写一首诗。或者从你的笨狗的视角。

- 感受身边吹拂的风，像鸟儿张开羽毛一样张开手指，在纸上变成一只鸟——飞扑、俯冲、下坠。你在哪里飞行？忘记两条腿的生活感觉如何？

该你了

动物语言

"喵喵"就是猫咪版的"汪汪"。

——乔治·卡林（George Carlin）

用尽可能多的动物叫声写一个故事。一开始就制造一次冲突。比如说，一只鸟把它的蛋下在树上的巢里，一群猫在树下打转。可以为你听到的声音编造一些词，只要忠实地为那些真实或想象的动物角色做翻译。或者写一首诗，每一行或每一句话都用上一种动物的名字或动物的叫声。这里是罗纳德·华莱士（Ronald Wallace）的诗《一成不变》（*In a Rut*）的前五行：

我像猫咪一样打盹时
她像狗一样跟踪我。
当然，我是在装睡，但是我
能感觉到她在用
鹰一样的眼睛看着我。

后面还有三十多行，叙事继续展开。这首诗值得找来读一读，看看人物如何在每一行用动物的名字称呼对方。关于动物的名字，更多灵感参见第 186 页"濒危物种"。

狗吠	嘶嘶声	流口水	飞溅
鹅毛笔的沙沙声	跌倒	啁啾	铃声
猛冲	咕噜声	低沉的嚎叫声	追逐
喘气	嘶叫声	推动	咯咯声
喇叭声	全速前进	呜呜声	笑声
猛击	嚎叫	咕咕声	跑
哭号	愤怒的咕噜声	咬	尖声狂吠
咩咩叫	守卫	吼叫	喵喵叫
乞求	哼哼声	鸟叫声	嗅
呤呤声	喷鼻声	叫	隆隆声
狺狺声	叼回	口哨声	驴叫声
猛扑	低吼	低沉的狂吠	舔
咆哮	猪叫声	取回	嗬嗬声
含糊的低吼声	打盹	咕哝声	尖锐的叫声
戴口罩			

濒危物种

一个国家道德水准的高低，可从其对待动物的态度评断出来。

——甘地

我从BBC的《自然新闻》中听到，五分之一的无脊椎动物面临灭绝的风险。五分之一！很遗憾，下面的清单只列出了这些与我们分享同一个星球，现在濒临灭绝、需要帮助的哺乳动物、鸟类、爬行动物、鱼类、昆虫、两栖动物、贝类等中间的一小部分，更不用说所有那些正在消失的珊瑚、水母、海葵和蜈蚣了。（深深的叹息。）或许为其中之一写一首诗能让其他怀有善意的两条腿的人类了解眼前的危机，趁着还不太晚，让我们不要只能从流传下来的诗歌中怀念那些物种曾经对我们意味着什么。

下面这些物种中，为了和其中一个交朋友，你愿意走多远？直接给这只动物写一封信，道歉，保证并具体说明你会做些什么来帮助它。

维尔京群岛树蚺	巴西三趾树懒	蛇岛蜈蚣
非洲狭吻鳄	穴蛙	蚯蚓
须鸣角鸮	黑门山六月金龟	亚速尔蝙蝠
矛齿鲨	灰狼	亚洲象
中澳粗尾鼠	条纹兔袋鼠	埃及秃鹰
瀑布洞穴蝾螈	美洲鳄	棕熊

考艾岛洞穴狼蛛	黑蹼树蛙	罗提斯蓝蝶
亚拉巴马海滩鼠	印度蟒	披甲蜗牛
虹彩鹦嘴鱼	缅甸孔雀鳖	黑斑蝾螈
高鼻羚羊	亚拉巴马红腹龟	巴德普拉斯黑千足虫
下加利福尼亚半岛无肢蜥	黑纹狐猴	树洞蟹
马尔代夫果蝠	象牙嘴啄木鸟	薮犬
美洲豹	加州兀鹫	

膝窝里的诗

身体是我们认知的起点。

——多丽安·劳克斯（Dorianne Laux）

出门去，绕着街区散步或者骑自行车。冲下一段斜坡（骑自行车更有趣，走路则更安全）。穿过一片空地，爬上一座山，走过一片草地，穿过树林——先别去树林里的外婆家。在外面待足够长时间，让心跳加快。留意在你的脸颊和耳朵旁边飞旋的空气、手臂的摆动、臀部的摇晃、双脚的交替。聆听你的身体里哪个部位叫得最大声。你的肚子是在唱歌还是尖叫？你的手肘、手腕、手掌、手指是不是在低声咕哝，感谢你让它们放下灌了铅的笔和鼠标，到外面放个假？你的脚趾、脚底板、脚踝是不是在想，为什么不早点带我们出来？不需要回答。只要聆听就够了。

当你聆听身体的声音，找出身体的哪个部位还有话要说。一首诗可能就在你的右手肘、紧咬的下巴和牙关里等待，或者正在你的左膝或右膝后面蠢蠢欲动（我的左膝有很多话要说）。你的脖子、你肋骨周围的空间、带你走遍坚硬路面的忠实的脚底板一定都有自己的诗。记录下赞美、抱怨、被禁锢的需求、长久以来的计划、恐惧、悲伤、感谢、烦恼、偏爱。你的身体知道真相。它不会说谎。如果你足够安静，它甚至能读心。

向前一步

- 列出身体的五个部位，以及如果这些部位会说话，你会问它们的五个问题。然后进行一次访谈。
- 记录你每天所有的小动作：戴耳环、捡网球、逗猫、用叉子卷起意大利面……继续！你伸手去抓什么？拉什么？依靠什么……？在一首题为《舞蹈》的诗里包括其中一些动作，然后付诸实践。

日落后的舞蹈

丝线摇摆，薄荷香回荡；
耳鬓厮磨，发髻盘在
戴珍珠耳环的耳朵后面；我的言语，
寻找我的书；露丝发辫的摇晃，
她轻柔的哼声，先是一点点感觉，现在能听到了。
我们大脑的皱褶，每一根肋骨的扩张，
这一天我们跳舞，一直跳到上床。

——卡罗琳·英格拉姆

该你了

____

____

____

____

____

模仿行动

学习是时时刻刻的行动。

——吉杜·克里希那穆提（Jiddu Krishnamurti）

如果能够绕开心灵，我们的身体会告诉我们真实的感受。行动能显示我们最需要说的东西。如果你的卫兵已经有所警觉，来回扭动身体，直到它放松警惕。如果你很害羞，闭上眼睛。然后用身体需要和渴望的任意方式移动一分钟，旋转、摇晃、改变姿势。用你的整个身体能够活动的最大限度，模仿下雨、闪电、树的生长、飞蛾扑火、勇敢的心、冬天的早晨、一道遮住你还想看的东西的帘幕。

选择你的身体最喜欢的模仿行动，在页面顶端写下“感觉就像”，然后把这个行动转化成语言。重复“感觉就像”或者另外一个首语重复句（参见第172页“首语重复法”中的例子）。重复能够帮助你投入，探索更深层次的意义。这样做没有对错可言，就像活动本身没有对错一样。你正在从你的身体旋转、踢腿、跳跃、冲刺、起飞和飞翔的独一无二的方式中，创造某种完全属于你自己的东西。相信我。把你的行动转化成语言，无论有没有意义，你都成功了。提示：比喻很有帮助。我的手像……一样缓慢地移动，我的脚像……一样抬起，我的胳膊像……一样摆动，我的头像……一样来回摇晃，我的腿像……一样冲刺。

向前一步

- 当你沉浸在让某些新事物在心底涌现的回忆、预感、状态或地点中时，让你的笔在纸上来回舞动。让它带你去往自己都没想到的地方。但我为什么要这样做？你会问。因为那里或许有许多能量和创意在等待着你。
- 闪电如何把自己写成一首诗？雷声呢？龙卷风？海啸？季风？（它们会倾吐什么？拒绝什么？召唤什么？动摇什么？保持什么？）

闪电和天空在打架，
左直拳，右勾拳——
像服用类固醇的拳击手一样，
你来我往。吐出黄色，
然后是白色，拒绝后退……
当雷声轰鸣，
它们才安静下来。

——集体创作

该你了

手心的地图

你没法跟一个握紧拳头的人握手。

——英迪拉·甘地（Indira Gandhi）

研究你的指关节、掌纹和手指。双手交握。按摩头皮。解开绳结。给你的狗挠痒痒。拿起笔，写便条，打篮球，把勺子放进汤碗，画圈圈。伸出援手，帅呆了。我读到过一句话，说“当你写作时必须把你的心捧在手里”，所以像祈祷时一样双手合十，对你的手掌和手指轻声说出一个目标，想象当你写作时，你的心就在手中，跟你在一起。

一个会看手相的朋友告诉我，双手可以代表我们的整个生活。我们的惯用手显示我们做了什么、要到哪里去；非惯用手代表我们带到生活中的东西。用你的手握住一支削尖的铅笔，而不是敲击键盘或者用拇指发短信，你身体和心灵中积累的焦虑将有机会得到缓解和释放。当你在纸上写字，你的心灵会自然而然地敞开。这能强化你与自己（以及朋友、家人、认识的人，甚至完全陌生的人）之间的关系。把你的生活、文字、细节、图像放在可靠的人手里——你自己的手里。

向前一步

- 列举你的双手有幸（或者不幸）接触过的几种或者几百种东西，还有它们拿过什么、握住什么、放开什么。什么东西等着它们去拿，什么东西它们永远够不着？

- 给你自己看手相。虚构每一处纹路、斑点、血管、疤痕、倒刺或者胎记代表什么。（我用来写作的手上的斑点形成了一个小小的星座；中指上的老茧是骄傲的山峰；我的血管把我和西西里岛的祖母联系起来，她的血管也从粗壮的手背上凸起。）尽情想象，从事实取材，揭示你的行动。完成下面的填空：

  这道疤来自＿＿＿＿＿＿＿＿＿＿＿＿。在这里我因为写作磨出的老茧＿＿＿＿＿＿＿＿＿＿＿＿。

  这是＿＿＿＿＿＿和＿＿＿＿＿＿的交叉点。

- 给你的手或别人的手画一幅像，它们握着什么、发现了什么、捡起了什么、拉开了什么？或者像查理一样把两幅手的画像结合在一起。

看手相（给爸爸）

我的小手握住他香肠一样粗的手指。

他的手抱着我快要掉下去的身体。

我的手发现了痛苦的意义。

他的手再一次抱起我。

我的手像上帝的转速表，没有连贯的意义。

他的手灵巧地打开坏掉的婴儿床，

第无数次放下我。

这条路上有两处分叉。

我在中间的交叉点上重获自由。

——查理

该你了

天哪，骨头、器官和韧带

照顾好你的身体。它是你唯一的容身之所。

——吉姆·罗恩（Jim Rohn）

身体是我们清洗、沐浴、修饰的对象，四肢让我们活动自如。我们的身体有 206 块骨头，它们组成我们的骨架，没有它我们就会变成一摊果冻。最小的骨头叫镫骨，位于我们的耳朵里，只有 3 毫米长。最长的股骨位于腿部。最大的骨头是粗大而结实的大腿骨。我们有超过 600 块肌肉，其中最有力的位于我们的脊柱（所以站着或坐着时不要没精打采的！）我们的身体有 78 个器官，每一个都扮演着特殊的角色，与其他器官合作，共同维持我们的生命和写作。这还不够幸运吗？我的意思是，如果我们生来就像蛞蝓一样呢？（无意冒犯蛞蝓。）

从下面的列表中找出一个你从来没听说过的身体部位（或者可能听说过，但是不知道它的功能是什么）。我最近在跟一群十岁孩子进行的一场友好的业余足球比赛中摔了一跤。（我真的想踢进那个球！）核磁共振显示我的前十字韧带断成了两截。我的什么？我问那个英俊的外科医生。他用从一具尸体上取出的腿筋替换了我的前十字韧带。选择一个你从来没见过或没听说过的身体部位，做一次小调查，看它是如何发挥功能，让你能够直立、行动、有活力，能够吞咽、屈伸、旋转、弯曲、呼吸的。归根结底，容纳你精神的这具身体属于你，或者至少在这段时间内借给了你。以赞美诗的形式直接给身体的一个部位写一张便条，或当场给它唱一首歌，证明你没有把你的胫骨、胰腺、尺骨、肩胛骨——或者任何诸如此类的部位的贡献当成理所当然的。

尾骨	胰腺	三角肌	肋骨	基底神经节
骶骨	胫骨	胸腔	腰椎	锁骨
小脑	距骨	肱骨	下丘脑	胸椎
尺骨	肩胛骨	扁桃体	肾上腺	上颌骨
脾脏	气管	下颌骨	后头脊	杏仁体
跖骨	斜方肌	舟骨	指骨	舌骨

间 谍

我循着楼下松节油的气味，踮着脚尖走过楼梯平台。在一堆木材旁边的角落里，我弯下腰窥视着我们的房间。妈妈坐在她抛光完的木地板上。她穿着一件灰T恤和从旧货市场买来的牛仔裤，挽起裤腿，她的头发用一条蓝色的大手帕绑在脑后。她坐在脚跟上的样子让我想起栖息着的鸟。爸爸靠在他喷过砂的砖墙上，右手两根手指间夹着一支没点燃的香烟。空气中充满了紧张的气氛，不过看不见，因为它躲藏起来了，就像我一样。我感受到这种紧张已经好几年了，但是无法用语言描述。妈妈叹气的方式让我心跳加速，就像小学组织地震演习，躲在我的书桌下面时一样。

“没什么的。”爸爸保证说。他提醒她，除了他的酒友之外他还有别的朋友。他露出英俊的笑容，然后划着一根火柴，点燃香烟。他回避问题就像做木匠活儿一样熟练，妈妈根本注意不到钉子眼或者胶水的痕迹。他总有办法顾左右而言他。像改造一所房子里的房间一样，他也能改变语言的意义。我们住在戈登大街而他还没找到工作时，他经常在家跟我和妹妹玩。午餐他给我们做金枪鱼三明治，记得我的三明治要去掉面包皮，沿着对角线切开，妹妹的要整块不切。他让我们在起居室睡午觉，把枕头从沙发上拿开，帮我们用壁橱里的床单和毯子搭建堡垒。晚些时候，我们挤进他的皮卡，到市中心的墨西哥市场去买东西。晚饭他做妈妈最喜欢的鸡肉卷，加上鳄梨沙拉酱和洋葱番茄辣酱、土豆泥、玉米饼和一种沙拉，我会把里面的洋蓟心挑出来。他会调一罐玛格丽塔酒，在妈妈的杯子边缘另外撒上盐。那时候，妈妈不会想到问他下午去了哪儿。她下班回来，脱掉鞋子，就看到他在厨房里哼歌。她会悄悄地溜到他背后，用手蒙住他的眼睛，轻声说："猜猜是谁？"当她认为我和妹妹没在看的时候，她会长久地亲吻他。

我仍然躲藏着，把指尖的木屑扫成四小堆，再把它们抹平。我找到一根钉子，轻轻地把我们每个人的名字刻在新地板上。就是在这个时候，我的父母做出了一个将永远改变我们生活的决定。

生活片段

- 谁离婚了？发现这件事时你在哪里？
- 写下你的父母分别做了什么。写下你想做什么。
- 你偷偷监视谁？你偷听到了什么？

该你了

对与错，好与坏，等等……

写出是什么让你与众不同。

——桑德拉·希斯内罗丝

在门口检查所有的判断。你知道，好、坏、正确、错误、聪明、愚蠢……把所有的预期、义务、应该、必须、不得不，都堆在地板上。它们会在这本书的结尾等着你，如果你想要找回它们的话。

现在擦擦手，吸一口气，说一些武断的话。不要解释。不要抱怨。只要写出你刚好看到、听到、尝到、闻到、感觉到的任何东西。就是现在。无论你在做什么或者没在做什么，说出你想要什么、丢失了什么、无意中听到了什么、公认或者不公认的事实、轻声说出的观点、纯粹的虚构，不带任何附加条件。现在你有机会把所有讨厌的"应该"换成可爱的"能够"，把所有皱巴巴的"必须"换成光鲜的"开始"。

像狮子一样深吸一口气——从鼻子吸入，从嘴巴呼出，伸出舌头，说"啊……"——看看你都注意到了什么。记录下你最先发现的五件东西，然后再记录五件，再记录五件。不需要辩解、修饰，用"因为"加上虚构的理由，无论多么狂野。我知道，这真是如释重负，不是吗？

这里是我在入秋的第一天写下的五件东西：我不希望我的祖母死去；我午饭吃了甜甜的番茄；经幡让我开心；科林和我在从伯克利回家的路上听了《时间的皱纹》；克里夫捉住了一只蜂鸟，把它留在门口的地垫上。

向前一步

- 写一首诗，每句话都陈述一个细节，就像莱斯利·刘易斯（Lesle Lewis）的《红岸》一样。全部使用过去时。其中至少有一个细节是虚构的。最后用这句话结尾："当然，我没有。"
- 写出任何你想念的东西。

红岸

我想要一匹马。

我从飞机上跳下来。

我不喜欢你的疾病。

我想要一个侦探出现在婚礼上。

我认识到康复期与你相处的新方式。

我看见晚霞落在纳维西克河上，让孤独的船夫感到悲伤。

我生活在一个迷惑的星球上。

我失去了一个人。

我不知道如何控制我的嘴。

我就像在停车场的水坑里洗澡的鹅。

当然，我在一列火车上。

——莱斯利·刘易斯

我想念

我想念妈妈坐在桌子一头，爸爸

在我对面，马修坐在另一头，

达希尔在我右边。

分离的感觉就像被劈成了两半，

而不是一个整体。

我不想念别人问我：

“今天你要去哪个家？”

我想念一个完整的家。

我想念妈妈还戴着戒指时。

我想念父母从来不吵架时。

我想念我曾经相信的那种幸福。

——莉莉

该你了

如何描述你的感觉

你不欠真实任何东西，你所有的感觉都是真实的。

——理查德·雨果（Richard Hugo）

裂缝为你上个月、上个星期、昨天、前一分钟的感觉打开了一条通道。感觉是一种能量，渴望通过我们受重力支配的生活中的倾角和尖峰得到体验。根据我的经验，感觉能够以快乐而复杂的形式成对出现……有时候很难确定和命名。W.H. 奥登（W. H. Auden）把诗歌称为“复杂感觉的清晰表现”。

找到那些能够把你带到感觉中心的词语和描述。不需要有意义，也不需要整齐划一。感觉可以是一团乱麻。（或许可以从查阅第 186 页“濒危物种”中的动物叫声来起步。）有时候我把成对的感觉叠加起来：截稿日期就像“陷入一座我自己制造的迷宫，很高兴我无法逃脱”的感觉。“跟科林一起去吃寿司卷太开心了，但还是有些想念说不出来的某件东西（或某人）”的感觉。“他怎么不再关心我了”那种嫉妒和痛苦的感觉。还有“相似的感觉”：我感觉就像一个没有鱼的池塘，我感觉就像一座没有风的山。你明白的。

当你的感觉飞旋时捕捉到它们，给它们命名，这需要练习。通过练习，这会变得越来越容易，直到你发自内心、自然而然地感觉更加充满活力、心胸宽广。另一个选择——把你的感觉装进瓶子里，放在布满灰尘的架子上——似乎没有这么好。（我试过，所以知道。）描写一个你感觉复杂的时刻，比如兴奋与恐惧交织，或者一丝尴尬伴随着泪水。包括你身体的哪个部位产生了这种感觉（脖子、喉咙、胸膛、胃），或许还有当这种感觉浮现时你跟谁在一起。一个中学生朋友上星期从她的喉咙和脸颊感觉到了兴奋 / 尴尬的组合，当时她正在冻酸奶店，从她游泳队的队友中认出这个家伙。她想停下来问好，提起关于花生 - 奶油味儿香草冰淇淋、他的仰泳，或者任何能接近他、听他叫她的名字的话题，但是她感觉头晕目眩，害羞得不敢朝他的方向迈进一步。你遇到过这种情况吗？如果有，你是怎样做的？从下面给出的组合中圈出几种，大胆地分享你想跟酸奶店那个帅哥打招呼的感觉。

头晕和害怕	阵风和漩涡	含泪和勇敢
热和吵	动摇和拒绝	疯狂和关心
不稳定和放松	稳固和骄傲	美丽和弯曲
深沉和安静	被关禁闭和口渴	尴尬和骄傲
焦虑和兴奋	神经质和乐观	匆忙和困惑
寒冷和悲伤	漂浮和飞翔	得意和炫耀
炙热和渴望	反射和直觉	可爱和亢奋
疼痛和破碎	梦幻和舞蹈	了不起和着迷
紧张和愤怒	饥饿和困倦	吝啬和露出牙齿
刺痛和僵硬	小心和被抓住	精彩和书呆子
隐藏和空洞	被灌输和被改变	贪婪和可耻
纠结和害羞	长满苔藓和小心翼翼	发臭和有勇气
平衡和信任	感激和平静	隐士和快乐
下雨和没有月亮	愚蠢和热切	异想天开和被爱
回声缭绕和星光熠熠	慷慨和恐惧	冷冰冰和不够格
猛烈和分散	势利和迷失	创意和欢乐
狼性和满月	温柔和惊讶	柔软和瘀伤
顽固和神秘	孤独和破碎	纠结和烦恼

“不”“是”和“太棒了”

最大的问题是你能否对冒险发自内心地说“是”。

——约瑟夫·坎贝尔（Joseph Campbell）

我正在阅读的几本书中——我习惯同时在几个故事之间跳来跳去——有一本说实际上人们对世界只有三种反应：“不”“是”和“太棒了”。如果你的世界卡了壳，试试把“不”扔到对面，换个方向进入“是”的领地。如果现在正在做的一切令你不堪重负，考虑一下把“是”换成简单又令人惊讶的“太棒了”。在下一页的问卷中，对你不打算写的一切说“不”，然后找到你发自内心的“是”和“太棒了”，从这里开始写作。

写出三件怪事，包括你要去的下一处地方和要见的下一个人的具体细节。

下一步我要乘巴黎地铁，去莎士比亚书店见一个朋友，这时候我看见那个穿红格子夹克的音乐家在拉手风琴，奏出《月亮河》的几个音符，然后他把他的贝雷帽递给我。生活接下来还要递给我什么？生活会把这个家伙带到哪里去？

描写你上一次放声大笑时汽水从鼻子里喷出来的经历。包括你的名字、你奶奶家里的一件东西，以及你最不喜欢的调味品（比如蛋黄酱——真难吃！）。

你的生活是一座宝库。哪三件东西是你希望永久保存的（包括大胆的细节）？用到下面这些词：胡言乱语、角马、五彩纸屑、极速赛车手、折叠刀、红腹、占卜师、大头朝下。

你今天去哪儿了？用负罪或无辜的口吻回答这个问题，但是在答案中不要使用“负罪”或“无辜”这两个词。一定要提到一种你还没尝过的冰淇淋，一些感觉状态——欢乐、饥饿、遗憾、期待，或者一种你在过去一小时里听到的声音（钢笔在纸上的摩擦声、风扇的旋转声、敲门声）。

今天有什么样的魔法时刻？可以使用碎片化的图像。用“我记得”开头。提到一种小生物、一种你每天都要用的东西（勺子、牙刷、钥匙），以及你出生的月份或季节。

把一种颜色（午夜蓝、静默银、炫彩粉）与你今天的情绪联系起来，为这句话补充细节：即使在我最狂野的梦中，也没有想象过会发生这样的事。

从你现在所在的房间里选择三件简单的物品。描写其中一件物品，但是不要提到它是什么。可以提到另外两件。包括房间里的气氛（紧张、欢迎、安静、气愤、单调、丰富、平淡、热烈）。

在《指环王》中，比尔博·巴金斯说：“不是所有流浪者都迷失了方向。”你在哪里漫步而没有感到迷失？提到一个方向、一天中的某个时刻、一块路标——禁止通行、向左转弯、允许掉头，加上你最喜欢的形状、水果和蔬菜。

写完这句话：很久很久以前，我没有……包括星期几、一种动物的声音和一个你知道名字和功能的身体部位（参见第 197 页“天哪，骨头、器官和韧带”）。

从这句话开始：每个人都知道故事如何结束……然后讲述这个故事，真实或虚构的都行。在其中提到你害怕的某件东西、“幸福”这个词、你能想象的最小的物体，或者你撬开的某件东西（开心果壳、蜂蜜罐的盖子、你的心，等等）。

有始有终地描写一个亲密的朋友——包括他的声音、他眼睛的颜色、他最常穿的衣服，加上你记得的他说过的令人印象深刻的话。哦，一定要提到他最喜欢的调味品（蛋黄酱，真好吃）。

音节诗

如果你喜欢数数，或许会喜欢音节诗这种形式。这是一种诗体，有意识地每行使用固定的音节。一位叫玛丽安·穆尔（Marianne Moore）的美国诗人喜欢数音节，在她的诗中给自己提出了一些小任务，比如“这首诗应该每行七个音节，有三行例外，只有五个音节”。穆尔相信一首诗最重要的是“精确、真诚的表达”，她自己能够通过创作音节诗做到这一点。但是如果音节诗不能浮起你诗歌的小船，她也说：“诗歌关乎技巧和诚实，无关形式。”在她最著名的《诗歌》一诗中，她希望诗人能够创造“想象的花园，里面有真实的蟾蜍”。我一直喜欢这句诗，真希望我认识穆尔，她喜欢体育，穿黑斗篷，戴三角帽，1968年曾经在扬基体育场为赛季开球。她那么有品位。她那么幸运。哦，她也崇拜穆罕穆德·阿里，还拥有一个米奇·曼托亲笔签名的棒球！她像不像你想要跟她一起走过漫长的城市人行道的那种人？或者一起写诗——数音节——的那种人？

一天早上，佐伊的猫克里夫出门捕猎，在回家的路上被车撞了。佐伊写了这首诗。她一开始没想写一首完美的音节诗，但是结果却是这样。

数数看每行的音节。

克里夫

灰白毛相间
流浪的猎手
蜂鸟突袭者

臭鼬的敌人
沙龙的爱宠
丝滑的叫声
摸不透脾气
太阳下打盹
外太空凝视
脚掌有肉垫
来躲避汽车

——佐伊

我的朋友艾尔伯特是这样玩音节诗的，把手机号码写在旁边的空白处，每一行的音节数跟对应的数字相同。用你的手机号码来写音节诗，就是为了好玩。如果你的手机号码是 461–5357，你的诗应该是：

让我走进
你的银色小屋。
哦——
不要关上门，
不，不，不。
闪烁的微光，
是我们永恒所在。

乘上巴士

快上完高一时，我妹妹开始计算卡路里。一个苹果等于50卡路里。一块去皮鸡胸肉等于142卡路里。很快她就公开拒绝吃很多东西。她5英尺8英寸高，体重只有90磅，不得不离家到旧金山去住院。当时我正在上大学，当我穿着UGG雪地靴走到泰勒大厅去上英语课时，心情像一团乱麻。我写的每一首诗里，都想象着妹妹正在经历什么。我感觉像蜘蛛网一样脆弱，本质上，我们的生活是如此紧密地交织在一起。

事情是这样的：我乘上一辆去旧金山的巴士，在医学校区的医院门口下车，抬头看着四楼窗户透出的灯光。我看着，其他人的生活在周围流动。我来得太晚了，探视时间已经结束了。城市开始被雾气笼罩，我真想把妹妹从她要去的地狱中拯救出来。我想相信如果我采取一项大胆的行动，一切就都能回到从前——后视镜中爸爸的眼睛，妈妈一遍又一遍地讲我们喜欢的故事，妹妹睡在我旁边的座位上，我们作为一家人的岁月徐徐展开。相反地，我从背包里找出一支笔。寻找正确的用词，来打开我们之间上锁的门。在门廊里，一名护士让我留下一张便条和一包妹妹最喜欢的曼巴糖。我想留下来，但是我必须走。我独自走入雾中，在车头灯和喇叭声中穿过一条又一条街道。

大学毕业后，我要搬到旧金山，但是到那时妹妹可能已经去别处生活了。你能拥有的就是现在，我听见自己说，在科尔街和卡尔街转角的人行道上。我在这里等着，直到另一辆巴士停到路边，我看着每一位下车的乘客，每个男人都让我想起爸爸，我的心跳停止了，许下一个孩子气的愿望：让我念起咒语，暂停时间，修补发生在我们身上的一切。但是我不能停止时间的流逝，也不能阻止任何人的离开，甚至是我自己。我乘上那辆巴士，找了一个靠窗的座位坐下，从现在驶向我的未来。

生活片段

- 我们每天都把过去留在身后，奔向未来。想一件重要的事情——搬家、去新学校、失去挚爱、你在旅途中经历的大事件。如果你没有把握，从这里开始："我真正想说的是……"【这句话是从我的写作老师娜塔莉·戈德堡（Natalie Goldberg）那里借用来的】当你开始写，自然会到达你要去的地方。（只要你愿意，随时可以回到这句话。）
- 什么事是你认为自己做不到的？在纸上写下它，就好像你已经做到了一样。
- 要勇敢，抛开"我不会写……"（我原本就是用这句话开始这篇迷你回忆录的。）

该你了

他们让你忘记的事

万物皆有裂痕，那是光进来的地方。
——莱昂纳德·科恩（Leonard Cohen）

找一件小东西——一个贝壳、一块布朗尼蛋糕，然后放下它。或者吃掉它——布朗尼蛋糕，不是贝壳。然后升级到中等重量——这本书、那盆盆栽。然后是更重的东西——你的背包、一把椅子、你的猫。想象在你的整个余生都要带着所有这些东西。你刚刚拿起的实物以及从别人那里学来的规则和教训，甚至你心底的秘密盒子中收藏的情感和回忆——除非你打开盖子偷偷往里看，否则光线很少能照到它们。作为创意写作作家，我们学会了从窥视中得到放松，并且看到一切事物的裂痕——和光线。

有没有人对你说过："哦，忘了这回事吧。把它赶出你的脑海。别再想它了。"有时候这个建议是管用的。还有些时候你可能发现，自己渴望一个只需要坐在那儿倾听的朋友。一个能够抱着电话，取消所有约会，离开生活的快车道，只为聆听，不加评论也不告诉你应该怎样做的朋友。一个你会因为他温柔的目光而信任他的人。一个让你想说多久就说多久的朋友。

如果你今天找不到这样一个朋友，那么你还有这本书。这本书永远不会说，好了，好了，都过去了。把那些他们让你忘记的事写下来（或者说出来）真的没关系。我一直都在这样做。你来决定什么时候结束。你来决定什么时候事情才算过去了。

向前一步

- 如何用“像”加上一系列对象来表达你最温柔的自我？（像蛋壳，像猫咪的呼吸吹在我的手腕上，像宝石般的石榴籽，像丢失的鞋带，像峡谷里的风……）你今年几岁，就写出几条比喻。我写了 5 条，就差 41 条了。
- 无论你在大事还是小事上犹豫不决——选择哪种口味的纸杯蛋糕，跟爸爸还是妈妈一起生活，写下你想说的、想假装的、想快进的、想重温的、想消除的一切。如果你足够勇敢，写下你从来没有告诉任何人的事。进入黑暗的内心深处，让光照进去。你有时间的螺旋。(永远）不需要着急。

我只是想要被听见、被承认。

可我只是在洗碗，

每天早晨铺床。

好吧，没有人能得到他们想要的东西，事实本来如此。

比如我多么想要一部新手机。我得到了吗？见鬼，没有。

有时候我感觉像是被遗弃了。

我好像在没有尽头的路上走，不知道接下来该往哪边去。

我从没告诉任何人你的秘密。

你如何看到、听到、感觉到的秘密。

这个表情说明了一切：

你或许应该闭嘴，

除非你想被扇耳光。

我讨厌那个表情。当我看着你时

失去了所有思想。就像我能读懂你的心。

感觉你的痛苦。分享你的欢笑。

——迈雅

该你了

所有感觉的总和

胡言乱语并得到尊重是友谊的特权。

——查尔斯·兰姆（Charles Lamb）

完成下面的填空，只选择那些你会胡乱填写的。如果你试图给出有意义的答案，就别去填写它。真的。当你想要挣脱内心的批评家的束缚，有意义（除非绝对必要）可能成为障碍。即使你只回答了一个问题，也没关系。记住：你星光熠熠、令人惊叹，你是自己生活的天才——即使你的等式与精确的数学或者准确的时间无关。（当然，如果你需要体会线性的感觉，我为什么要阻止你呢？）

蝉鸣 + 午夜边缘 =

那年夏天，我们徒步穿过峡谷，走到海边，靛蓝色的天空中充满了虫鸣，你的头灯指引我们绕过刺柏和冷杉树，我们的谈话和笑声交织着童年的长长的阴影，你向我保证我们两个都会没事的。

一束光线照亮了那个时刻，当：__________

荒芜的海滩 + 两朵云 =__________

这个表情说明：__________

学校后山 + 一处黑色的污迹 =__________

我最好的朋友总是问我如果：________________________________

每一次战栗 + 每一分钟 =________________________________

沙子上写着：________________________________

我手里的一块石头 + 一条宽阔的河流 =________________________________

有时候唯一能让边缘柔化的是：________________________________

对生活的热爱 + 一把羽毛 =________________________________

我吸入整个世界，呼出：________________________________

额外奖励

收集两个事实和 / 或你上个星期发现的点滴真相。把它们组合成一首诗，用上上面的一些句子。如果你愿意，还可以加上加号和等号。

创意实验

别假正经

别假正经，别假正经，别假正经，假正经。

——大卫·拜恩（David Byrne）

用不着我来告诉你，别假正经，喘口气，把你的文字变成一堆无意义的胡言乱语是多么有趣。时不时让意义去放个假有实实在在的好处，特别是如果你想重新唤起你的想象力的话。有时候你需要的就是温柔的一推（或者一撞），让你离开一切都必须井井有条的惯例。你知道，友好地鼓励你犯一些粗心大意的句法“错误”，把一连串字词连起来制造“笑果”，不在乎是不是有人会读到、听到或看到它们。开始之前做一次倒立或者几个侧手翻。跟猫咪一起慢舞过房间。给小狗唱小夜曲。拯救一只蜘蛛，把它放到一片叶子上。从书架上拿出一本短篇小说，从最后一段开始读，从右向左翻页，直到开头。

天马行空（或者想象从未发生过的事，比如早上醒来变成一只甲虫，或者握住一张棒球卡就能开始时间旅行）对我们当中有些人更加困难。我们受过良好的训练，经常会朝着理性的方向靠拢。要写出尽管语法上正确却毫无意义的东西，需要练习。不要逃避。如果你回到了井井有条的模式，重整旗鼓，拍拍身上的灰尘，重新开始。说出你现在不想做什么。写下来。（是的，可以写“我不想写胡言乱语，凯伦”。）然后从最后一个字开始，把它当成第一个字。倒着写完整段话，你就得到了一些无意义的句子。

写完这段话：“我现在不想……”然后倒着写完整段话。例如：“书的期超经已掉还馆书图去者或治明三芦葫西吃、澡洗咪猫臭给者或圾垃扔去出次一再绝拒我……稿讲演的写要须必成完者或机碗洗理清想不我。”

向前一步

- 把动词放在名词通常的位置上，反之亦然。如果你又回到有意义的模式中，别着急——这一定会发生的。底线是享受乐趣。

> 她咬着牙迈过低地，像黄蜂似的飞扑过去。如果天堂和腌菜都不多怎么办，她大踏步地游行，窥视她的拒绝。列出磁盘、黑暗和呼吸。哦，多么甜蜜，错误的句子和注意力。不是现在，去年冬天的明日之旅比任何时候更加沉重。

- 写一个长长的、无意义的句子，用上尽可能多的逗号、分号和破折号。或者写一首无意义的诗，就像刘易斯·卡罗尔（Lewis Carroll）的《炸脖龙》（*Jabberwocky*）一样，这首诗的第一节是为了逗乐他的家人写的。找到整首诗，这首诗最早出现在他的小说《爱丽丝镜中奇遇记》中。卡罗尔说他自己也不知道有些词是什么意思！

> 是滑菱鲆在缓慢滑动
> 时而翻转时而平衡；
> 所有的扭捏作态展示了
> 蠢人的早熟、懒人的平庸。

该你了

去年感恩节

爸爸回忆说，没人记得去买火鸡，所以我们最后只能在灰狗巴士站对面的比利餐厅吃饭。我和妹妹站在门口，看着潦草地写在收银台上方一块白板上的节日菜单，冷风吹过我的连裤袜。柜台那边，三个男人弓着身子吃他们的晚餐。冻得下巴直打战，我必须集中精神才能不让脑海里的泪水决堤。

“来吧，让我们试试。”妈妈跟我手挽着手，给了爸爸一个“这最好能行”的眼神。妹妹说：“讨厌。”爸爸让我们坐下。

女招待把一盘热气腾腾的绿色的东西放在桌子中央。她看着我笑了：“感恩节快乐！”

“这个看起来很好吃。”妈妈拿出她一贯的热情。

我不想像这样庆祝节日。我想在家摆桌子，妹妹叠餐巾，等她去厨房拿银餐具时我还要拆开重新叠一遍。

“我是认真的，”我说，“我不想吃这玩意儿。”我希望从爸爸那里得到反应。

爸爸没理我。妹妹又朝我靠近了一些。妈妈用她的棕眼睛瞪着我，眼神在说“调整好你的情绪”。她拿起长柄勺搅了搅绿色的浓汤。

我把膝盖上的餐巾撕成两半，盯着墙壁。我知道妈妈不喜欢在一家破旧的餐厅吃感恩节晚餐，但是她不会承认的。相反，她会说这是一次“冒险”。冒险在她那里指的是比灾难更可怕的事件。

爸爸只是喝他的汤，透过脏兮兮的玻璃望着窗外，看着银灰色的巴士离开街对面的车站。妹妹要玩“敲敲门”游戏。我翻了个白眼，去了洗手间。妹妹也站起来。我走到哪儿她就跟到哪儿。

没有窗户的狭小房间混合着尿味和香水味。我警告她别摸马桶圈，告诉她这种路边小餐厅有无数细菌。她尿尿时，我站在镜子前，检查鼻子旁边的一颗粉刺。

“我恨他。”

“别傻了，凯伦。”

“什么也别摸。”我又警告她。“过来。”我用厕纸垫着拧开水龙头，她挤了点粉色的洗手液。

她用恳求的目光看着镜子里的我，但是我转开了目光。

“来吧，”我命令道，“如果我们都病了，那是他活该。”

“为什么？”

“因为。”我说，好像这个答案已经足够了。

生活片段

- 在开头写下“为什么”，然后写下尽可能多的问题（以及问题中的问题）。每写完一个问题就跳到下一个（为什么你……为什么我……为什么我们不能……为什么那里……为什么它……为什么你不……）。当你再也写不出来了，在开头写下“为什么不”，然后重新开始。
- 描写一项节日传统，或者一次脱离传统的节日。
- 你上一个节日是跟谁一起过的？在哪里？你们吃了什么？你还记得你说了什么？其他人说了什么？
- 让每个阅读你这段描述的人感到饥渴难耐。或者让他们感到恶心，再也不想多看一眼（边缘破口的盘子，盛着热气腾腾的绿色浓汤），更不用说尝一口了。

该你了

你宁愿

满怀自信地做出决定，世界就会属于你。

——贾伦·L.戴维斯（Jaren L. Davis）

上周六我在旧货市场找到了一副卡牌，就摆在一只长柄汤勺和一塑料袋西洋棋中间。卡牌是红底黑字。正面唯一的字样是“你宁愿？”。有意思，我把它拿起来，读了前十张卡片，然后开始思考我会做出哪些选择。我告诉自己必须做出选择。有时候我会这样做，来看看我的内心指向哪个方向。

给自己加点码，想出五到十种“你宁愿”的选择。比如：“我宁愿吃木屑三明治，也不想喝漂着头发的绿色浓汤。我宁愿长出第三只眼睛，而不是头上长角。”等等。回答下面的问题，越多越好，然后去问一个朋友。（你可以增加难度，给每个问题加入细节。）把其中一些答案写进一首题目是《我宁愿》的诗里，为你最怪异的选择分类、排列、补充细节。

你宁愿

告诉别人你爱他们还是亲吻一只青蛙？

在教室里穿着内衣跳舞还是头发永远不干？

没有朋友还是没有电脑？

眼睛永远睁不开还是嘴巴永远张不开？

有一条六英尺的舌头还是三只耳朵？

三英尺高还是八英尺高？

拥有在黑暗中发光的头发还是皮肤?

做一百个俯卧撑还是一百个仰卧起坐?

用你祖父的名字还是你宠物的名字?

吃臭鸡蛋还是喝酸牛奶?

吃有头发的三明治还是有耳屎的煎蛋卷?

被蜜蜂蛰还是被猫挠?

拥有高尔夫球杆还是网球拍?

用冰水淋浴还是用脏水洗澡?

舔一只脏脚丫还是喝马桶水?

跟鲨鱼游泳还是跟鳄鱼摔跤?

闻起来像臭鸡蛋还是像洋葱?

坐在仙人掌上还是亲吻一只青蛙?

做一块石头还是一棵树?

在一年中放弃休假还是放弃过生日?

多一只脚趾还是多一只手指?

吃三十磅奶酪还是一加仑花生酱?

成为学校里最受欢迎的孩子还是最聪明的孩子?

保留惊喜还是事先知道?

把晚餐当早餐还是把早餐当晚餐?

被龙卷风卷走还是被海浪卷走?

改变过去还是预知未来?

长篇大论还是言简意赅?

畅所欲言，然后摇摆

爱护树木，直到树叶落尽，然后鼓励它们明年再来。

——查德·萨格（Chad Sugg）

躺在地毯上，或者落叶铺成的床上。放松脸部的骨骼。不要皱眉。让眼睛在眼皮下休息。松开下巴。让舌头瘫软成一条。用嘴唇打嘟噜，感受你的牙龈。来回转头。深呼吸，暂时忘记所有飞旋的文字。

准备好以后，想象你头上的屋顶被风刮掉，能看见深不可测的天空。把膝盖抱到胸前，前后滚翻，让脊柱摇摆起来。带着惯性站起来。脚趾成扇形散开，把重量放在双脚的四个角上，深深地扎根到地心，有你身高的三倍那么深。用一只脚保持平衡，另一只脚靠在小腿肚上。然后向上伸展双臂。挑战自己，闭上眼睛在风中摇摆。

在瑜伽中，这叫作树式。（如果你摔倒了，恭喜你自己，这意味着你在冒险。）重新用另一只脚保持平衡，想象你最喜欢的树——红杉、松树、云杉、柳树。准备好以后，把这种强有力的姿态带到你的写作练习中。

拿起笔，把树式的印象写到纸上。你的腿有没有感觉到一股引力的冲击？什么让你的生命摇摆？如果一种温柔或失落（或者嗤之以鼻的可笑）的感觉涌上心头，把它们加入你的作品中。写得摇摆不定也没关系。不知道你会写到哪儿也没关系。写不完也没关系。

向前一步

- 没有目的地写，发现：你最想念谁？谁总在你身边？谁的舞跳得最好？谁的瑜伽姿势最专注？
- 写满半页纸，用“我不知道我爱……”来开头。在细节中发现你还有多少不知道的事。
- 成为大自然中的某件事物，提出七行建议。

一棵树的建议

高高地、骄傲地站着
扎根土壤
对你的自然之美感到满足

伸出枝条
大量喝水
记得你的根在哪里
享受美景！

——伊兰·沙米尔

该你了

灵感与真实愿望的天使

丽兹出生那天，北风呼号，树枝咔嚓咔嚓地被折断。当她在晨光中艰难降生的时候，十二只灵感的老虎猛扑向她的心口。白玫瑰开放。乱云低垂。她不怕一边哭一边笑。她不知道她的想象力会扩展到天空柔滑的边缘，在那里欢乐遇见了忧愁，昨天对明天毫无意义。谁知道她会喜欢碾碎的薰衣草和柠檬的香味？谁知道她会收集心形的石头，或者在树洞里找到一条流浪狗，给它起名字，带它回家？在她出生的那天，风把楼上的窗户吹得嘎嘎作响。和平天使带来了苹果卷饼和一篮熟透了的梨子。兴奋天使在草坪上翻筋斗，想吸引新生儿的注意。在她出生那天，丽兹这个女孩让我想起了自己，她不害怕跟真实愿望的天使共舞，天使拉着她的手，领她进入耳语的世界，永远不让她离开。

故事开头

- 填写下面的空行：

我出生那天，我不害怕______________________________

（可以写你自己的故事，也可以用角色扮演的口吻写一个故事。）

______________________________的小小波浪（它们如何移动？）

谁知道我的想象力能够______________________________

谁知道有一天我会去______________________________

谁知道我喜欢______________________________的香味

谁知道我喜欢收集______________________________

谁知道有一天我会找到______________________________

- 选择一位天使：短篇小说天使、屋顶天使、远航天使、火焰天使、雪天使、雷天使、彩虹天使、山地骑行天使、三分球天使，等等。让一个天使牵着你的手，带你深入你的旅程。你还可以选择把这些加入上面的填空中。

该你了

文字循环

我喜欢句子的结构和文字的并置——不仅是它们的读音和意义，还包括它们的外观。

——唐·德里罗（Don Delillo）

找出一些可以放在“的”前面的词，填写在下一页表格中的前半段。并置是另一种隐喻的方法。通过把两个或者更多不相似的词语放在一起，用“的”连起来，你的耳朵（还有读者的耳朵）会不由自主地以一种全新的方式投入关注。但是我要用什么词？你会问。从你的魔法词汇表（参见第146页“单词卡”）中找一些词，或者使用星期几、几月、学校里的课程、天气、花名、树名、街道名、歌名、感觉，任何动物、蔬菜、矿物，或者任何方便的名词——跳伞、时间、历史、诗歌、午夜、摇滚、行动轻悄的猫、滑行的蛇、嗑东西的老鼠。有无穷无尽的可能性。然后打乱词语的顺序，看着你的隐喻变成诗歌。

尽一切可能让你的诗句发光，捕捉隐喻的火焰。摆弄、混合、重组，把你喜欢它们的声音、感觉、外观和味道的词语连在一起。不过，无论你做什么，拒绝“正确”或“礼貌”的方式。没有鸟群，没有画廊，没有充满“粉丝”欢呼声的体育馆。

时间的纠缠变成了一首诗的慢舞。第一阶段紧张的笑声变成了亮眼睛诗人整个六年级的摇滚地震的颠簸。

……的一堆

……的低语

……的循环

……的荒原

……的纠缠

……的画廊

……的令人心碎的故事

……的魔法

……的一群

……的惊喜派对

……的快照

……的十五分钟

……的激光

……的海洋

……的一阵

……的暴风雪

……的地震

……的鸿沟

……的沙暴

……的一大块

……的小行动

……的一团

……的颠簸

……的罚球

……的骨骼

……的第一天

……的体育馆

……的出入

……的源泉

……的后院

……的音乐

……的角落

……的飞行

……的眼睛

……的两分钟

……的一瓶

……的遥远的夏天

……的一针见血的故事

……的心中

……的皇家婚礼

……的扣篮

……的规则

……的另一头

……的之字形

……的喊话

……的白纸

……的住处

……的长周末

……的一首小曲

……的失落的城市

……的倒塌

挽歌

挽歌是一种哀悼的歌曲或诗歌，表达失落或悲伤，而不陷入自怨自艾或多愁善感——这正是困难的部分。典型的挽歌是为悼亡创作的，表达作者的感情。我写了整整一本诗集，表达差点失去妹妹的悲伤，阳光、巧克力、远足，或者四年级时跟当河道向导的男朋友去漂流都不能治愈我内心的伤痛。

有时候只有通过写作——诗歌、日记、故事、歌曲、思想和感情的碎片——的过程，我们才能找到把悲伤转化成艺术的方法。一位诗人和书法家朋友桑迪·戴蒙德（Sandy Diamond）为我设计了一个标牌，就挂在我的书架附近。上面写着："艺术家被他们的艺术治愈。"对我来说真的是这样。有时候我们最大的伤害和损失只能填入最小的空间之中，比如一首挽歌。只有到那时，你才开始拥有你的悲伤，而不是让它拥有你。

最初，挽歌在希腊和罗马文学中是由两行对句组成的诗歌。（田园挽歌是其中一个类别，起源于公元前 3 世纪—公元前 2 世纪的希腊和西西里诗歌。）现在的挽歌没有固定的长度，不过音调——诗歌的读音——通常是忧郁的，你当然可以找到另一种方式来表达你的悲伤。我们都有自己哀悼的方式和时间。没有标准方法、指南或时间框架。（参见第 215 页"他们让你忘记的事"。）

沃尔特·惠特曼为亚伯拉罕·林肯之死写了一首挽歌，题目是《当紫丁香最近在庭园中开放的时候》。同时代一位名叫凯瑟琳·巴内特（Catherine Barnett）的诗人，也是我最喜欢的诗人之一，为她的两个在空难中丧生的年轻侄女写了一整本挽歌集，书名叫《完美球体深处的空洞》（*Into Perfect Spheres Such Holes Are Pierced*）。这本诗集读起来就像小说，是学习如何在描写悲伤时控制自怨自艾的样板。

C 减去 A 和 B 等于——
没有树枝的树等于——

悲伤看起来就像：
一把在山羊体内生锈的刀。

不，不。
一枚硬币落入水中

鱼儿飞快地朝它游去。

——凯瑟琳·巴内特

出租屋

我们手牵着手，沿着圣何塞市中心第二大街的人行道朝爸爸的公寓走去。妹妹一路上叫我的名字，我回答说："没事的，伙计。"虽然我也没有把握。我们穿过阳光下飞舞的尘埃，爬上302号公寓，三楼地板上堆满了他的东西，窗帘污迹斑斑，地毯磨得很薄。我想起去年冬天爸爸离开雷德克里夫之后，鸟儿是如何失去了方向感。一只鸟撞上了楼上的窗户——它昏死过去，掉落在刺柏旁边的人行道上，羽毛张开的样子让我忍不住想永远把它捧在手中，直到妈妈警告说野生的鸟类会携带病菌，我才把它放回原来的地方，回到楼上。每天，我都看着它腐烂一点点，直到最后一阵风吹走了剩下的部分，把我的一部分也带走了。雷德克里夫流动的影像跟随着我。我想起偷听父母谈话的那个晚上，爸爸如何从我身边走过，去把他的衣服装进纸箱，不知道我就在那儿。他跳进他的皮卡，去跟朋友一起过夜，钓鱼，遗忘。第一年圣诞节和我们的生日，我们跟他说过几次话。我记得妈妈签署文件，跟律师谈话。我记得不穿大衣，感受冷风钻进我的骨头缝里。在学校，我用微笑和好成绩来假装勇敢。

现在我和妹妹蹑手蹑脚地走进散发着垃圾和污水气味的厨房。台面上堆满了杂物，黏糊糊的。我在炉子旁边的地板上找到了爸爸以前露营时会带上的锅。锅底粘着一层油脂和结了块的炒蛋。就是这个锅，以前我忘了把它擦干挂在炉子上方的钩子上时，他会指手画脚。冰箱上贴着一张焗豆罐头的优惠券。冷冻室里放着一大盒石板街冰淇淋。还是那块砧板，让我爱上这个花好几个小时揉面团，然后用屉布盖好的男人。我们的爸爸听爵士乐，在露台上酿阳光茶，提醒我们拧紧蜂蜜罐的盖子之前先把罐口擦干净。看着摇晃的蜘蛛网，我们俩之间的空气充满了浑浊的烟味，我打开一扇窗户，告诉妹妹忘记那个死在这里的人。我想记得那个给屋顶装太阳能板、给我们搭儿童攀登架、在我们的舞蹈演出时鼓掌的男人。我们的爸爸坚持要我们吃他做的晚餐之前把蜡笔放到一边，先去洗手。我们把找到的一切都留在这间空荡荡的公寓的三楼地板上，什么都没动，除了那个锅和属于我们的回忆。

生活片段

- 写完这句话：我穿过门廊，一秒钟都没停留……
- 什么事最彻底地改变了你的生活？用一个只有一两个字的句子开始你的回忆录。
- 你或者其他人的秘密会把你带到哪里？如果你不确定，先虚构一个，直到你感到确定。
- 描述一间厨房里的物品。

该你了

修　订

好作品很少会一次成型。好吧，有时候也会的，但是，通常好作品需要重写、编辑、加工、塑造、修改和删除。修订可以很有乐趣，特别是如果你认识这样一个人，能够问出正确的问题，并提供关于什么应该保留、什么应该删除的明智建议。

下面的修订技巧中至少有一两个每次都会有效。我保证。你只需要找到适用于你的特定诗歌或故事、散文或回忆录的正确建议。我不记得这些实用的小窍门到底是从哪里来的了，但是我跟一些最棒的作家一起钻研过修订的问题。他们当中包括：简・赫斯费尔德、金・阿多尼诺（Kim Addonizio）、莎伦・奥尔兹（Sharon Olds）、莫莉・菲斯克（Molly Fisk）、史蒂夫・科威特（Steve Kowit）、娜塔莉・戈德堡、大卫・圣约翰（David St. John）、加里・汤普森（Gary Thompson）和特里・埃勒（Terry Ehre）。纯粹的教学是非常美好的，而且允许我们跟其他人分享这种美好。需要时，尽可以把你在这一章中发现的修订技巧传播给任何人。如果你有机会参加上面几位老师的写作训练营，一定要去参加。你不会后悔的。

- 你作品中的哪个部分有魔力？用横线划出来，作为一首新诗或一个新故事的开头。
- 哪个词、短语或句子令人难忘？记住它，去散步。在你的头脑中重写它。回到书桌前写下你还记得的内容。保留这份内容，删掉其他的。
- 闭上眼睛，随便指向作品中间，然后睁开眼睛，在最近的一句话末尾补充细节：新的动词、有力的形容词、合适的名词，以及声音、味道、颜色。

- 问自己：还有什么要说的？还有什么想要说出来？这是简·赫斯费尔德教我的。我再补充一句：好，现在就说出来。
- 逐字逐句地把你的诗倒过来写。我的朋友特里·埃勒称之为逆转。尽管这不是对每一首诗都适用，但是的确我有一些诗因此改变了命运。
- 改变你作品中的人称代词——把“我”换成“她”或“他”。或者相反。混合各种人称代词。暂时摆脱充满自我的“我”，当然，除非你是在进行角色扮演。
- 动手术。砍掉你的诗歌或故事的开头和 / 或结尾。从你的另一首诗中挑选几行加入正在修订的这首。删掉三到五行，看看你是不是真的需要它们。有时候我们最喜欢的句子恰恰是需要删掉的。对不起！莱尼斯·邓拉普（Lennis Dunlap）是大学英语教授，一位典型的南方绅士，他管我叫“本基女士”，意思是“淹死你漂亮的小猫咪”。
- 删除所有的形容词，然后只挑出三个放回去。删除所有的副词，一个也别留。挑出所有无力的动词（是、有、做、去），给它们补充维生素，然后把它们放回去。一些有力的动词的例子——旋转、扫除、卷曲、切割、打包、收缩、穿透、缝纫，当然还有跳跃。
- 强迫自己删掉感叹号。它们就像自己讲笑话自己笑。
- 让一个亲密的朋友阅读并修订你的作品，就像那是他们自己的作品一样。保留你喜欢的修订。无论你找到谁，对方都会感到荣幸的。
- 把你的诗、故事、创意片段放到一边，一个星期、一个月、一年，或者更久。下次再把它找出来时，就像不是你的作品一样阅读它，做出一些修改。修改起来可能更快、更容易。你会奇怪为什么以前看不到问题。（因为你离得太近了。）时间是最好的编辑。
- 改变纸上所有文字的存在方式。反过来。摇晃。抛撒。大胆去做。只保留那些回到原处并且站住位置的词。
- 艾米·亨佩尔（Amy Hempel）建议说：“有时候一个平铺直叙的句子就够了，

你不需要把所有的句子都写得像个作家：‘他打开门。’就这样，门开了。”

提示

从你的一首诗中选择一个段落或者几个对句，使用上述建议中的至少两条。这样做时享受乐趣——或者假装享受乐趣。记住：修订也可以充满创意。

只有你能回答的问题

我还没有年轻到什么都懂的地步。

——奥斯卡·王尔德（Oscar Wilde）

有时候我们习惯性地认为正确答案在外面，某个地方的一本书中，或者某个更有经验的专家的头脑中。实际上自我们出生之日起，最重要的答案就已经存在于我们心中了。我们只是还没有静下来足够长时间，去聆听它们的智慧。

对下面这些问题，浮上你心头的任何答案都可以。如果你能想象它、捕捉它，你就能把它写出来。你可以以后再回头看，补充细节和名词，更换动词，删除副词，删掉一些形容词。你是你作品的总统、国王、女王、首席执行官、一把手，戴上你的王冠和宝石项圈。你充满永远不会熄灭的独特光芒，尽管有时候你可能感觉它有点黯淡了。这些问题只有你才知道答案。勇往直前，向内心探索——要勇敢。把它们写出来。

你的黑暗来自哪里？光明呢？

我的黑暗来自被打断，评论家清清喉咙，她的两眼中间挤出两条竖线。我的光明以等式的形式出现，一边是我知道的每一首诗，另一边是令人心安的长长的拥抱和我的灵魂绽放出的微笑。

是什么毁掉了你的真相？__________________________

是什么可能引起一百个问题？________________________

怎样才能有好运气？

阳光颤抖时你的世界发生了什么？

当你从黄色的光中走过时看到了什么？（继续回答，直到走过彩虹所有的颜色。）

水很深时你会漂到哪里？

矛盾修饰法

现实点：为奇迹做好准备。

——奥修（*Osho*）

矛盾修饰法是一种把自相矛盾的词语连在一起的写作手法。最常见的矛盾修饰法是形容词—名词的组合。可以是两个词，也可以是句子或短语。这里有一些矛盾修饰法的名言，以及我读过、听说过和无意中听到的一个词、两个词、三个词（或以上）的矛盾修饰法的例子。在这个列表后面补充一些你的最爱，或者选出其中一些，用在一首读起来像小说的矛盾修饰诗里。

“慢点开，我们赶时间。”——温斯顿·丘吉尔告诉他的司机

“我说过的大多数东西我都从来没有说过。”——约吉·贝拉

“生活只能后知后觉，但却必须勇往直前。”——索伦·克尔凯郭尔（Soren Kierkegaard）

“让他们分开站得更靠近些。”——塞缪尔·戈德温（Samuel Goldwyn）

他们说事情没有他们说的那样糟。

一方面，我犹豫不决；另一方面，我又不是。

一切如此随机，其中必然存在规律。

错上加错不等于对，但是右转三次就变成左转。

上楼梯让我心情沮丧。

你总能在上次看到的地方找到什么东西。

故弄玄虚	有序的混乱	苦乐参半
遗忘的记忆	大个的小虾	善意收购
同样的区别	孤独地置身于人群中	旧新闻
寂静之声	虚拟现实	公开的秘密
可控的混沌	活死人	

雨的10 000个名字

普拉托从印度回来，眉心点了一颗红痣，虽然她内心感觉十分忧郁，对另一个大陆上的老师的思念无法用言语表达。在米勒大街上的自助洗衣店门口，她坐在车里，等待着她的床单和枕套烘干。只过了一小会儿，她开始听到老师的声音鼓励她跟悲伤的雨做一个游戏。二月的晚上雾气弥漫。她还要在市场停下来采购准备晚餐的食物，她的女儿在马路另一头等着她。她渴望一切还没有被她命名的东西，所以她望向天空，开始给雨起10 000个名字。透过雾蒙蒙的窗户，她大声说：温柔而持续地落在蓝铁皮屋顶上。然后是动身前往山中的哀悼者……想念他的歌曲……飘落的夏天的树叶……松树的气味……波雷卡先生穿着雨衣钓鱼的回忆。她把雨称作在沙地中行走的嘶嘶声。她叫它太阳永远不知道的东西。对普拉托来说这如此简单，她不再感觉迷失，用可能性的披巾裹住自己纤瘦的肩膀。很快，在路上，她已经有了一首新诗，开始哼唱一首做个普通女人的歌曲，篮子里装着干净的衣服，以及给生活——和她的老师——交给她的任何东西命名的能力。

故事开头

- 描述你在哪里，然后选择一些东西来重新命名（夜晚、月光、爱、雪、失去的时间、猫、国家、你对或远或近的某人的思念），玩普拉托创造的游戏。
- 洗个澡，当你飘飘然时重新给自己起个名字。保证弄出足够多的肥皂泡，想用多少个连接号就用多少个。

午夜—倾盆大雨—生气的人。弯曲身体时肌肉在尖叫的诗人。喜欢满月和成熟的金橘的人。梦想着能够再骑一次野马的人。很久以前的足球战士——现在不是了。收集宁静和星光的人。喜欢草裙舞不喜欢摇摆舞的害羞的魔法师。

该你了

撒骨灰

我们沿着太平洋海岸公路行驶，吃着无花果酥，听着一张妹妹刻录的CD，里面有我们喜欢的史密斯夫妇、当代英语和大卫·马修乐队的歌曲。我们从瓶子里喝了一点水，谈论着我们害怕的词语，把它们从空气中抓出来。

“转弯。”我说，握紧方向盘。

“鳄鱼。”她捅了捅我的胳膊。

她打开一包口香糖，我们比赛谁吹的泡泡最大。我们唱着喜欢的歌曲。我们两个什么也做不了。我梦想着一个没有恨的世界。我要停止时间，跟你融为一体。我们没有拒绝任何东西。不拒绝世界脆弱的美，不拒绝一直延伸到地平线的湿地，不拒绝我对蛇或她对阴影的恐惧。我告诉她猫和诗歌如何帮我免于迷失。她告诉我雨声让她想起我们的心脏同时跳动的方式。

“生活可能朝任何方向发展。”我解释说。

“就像爸爸。”她握住我的手。

下午3点多，我们驶进大苏尔的停车场。我对公园管理员说我们只停留几个小时。妹妹问他能不能免费。已经是傍晚了，她笑着递给他一片口香糖。他往我们的挡风玻璃上贴了一张贴纸，让我们过去了。我们知道怎么走。我们在峡谷的步道入口停车。在1970年代，我们曾经跟父母来过，当时妈妈在湖里裸泳，爸爸从最高的悬崖跳下来。现在旧地重游，我们都回避着“自杀”这个词，就像绕开倒下的树。我们在水边坐下来。我们的手指在塑料袋里碰上了。我把第一把骨灰撒向风中。她检查着那些碎片——有些有指甲大小，有些更大。爸爸离开前的那个冬天，他站在萨克拉门托河上的一座桥上，在风中张开双臂，假装在飞翔。我们跑出去，想看看暴风雨期间河水上涨了多少。他回头看着我们，说："生命的长度不重要，内容才重要。"当时，我不明白他的话，可能还翻了个白眼，小声咕哝道："随便吧。"

现在我们轮流扬起悲伤和羞耻的手，妹妹偷偷把一小片骨灰放进她的口袋，我想问她是不是觉得这样就能把爸爸的一部分永远留在身边。相反地，我告诉她我们都是他的最爱，看着她的眼睛在下午昏黄的光线中变得柔和。

然后，我们收起所有的语言，安静地步行回到车上。我们沿着海岸边崎岖的公路，寻找在本塔纳山中吃草的马群。她指着一匹阿帕卢萨马，说那是属于她的。我告诉她她是属于我的。

我们的表姐在妈妈家跟我们碰面。我们到达时已经很晚了，所以我们轻手轻脚地走上楼梯，换上睡衣。我检查了我的晒伤。唐妮找到一管芦荟胶。妹妹谈论着她的新男友，想着等他打电话来，她应该说"我爱你"。我们刷了牙，抹上面霜和润唇膏，替对方说完后半句话并且提出建议。在一起让我想要抱住所有我们交换过的秘密和所有的故事不放。我们彼此托付。我不愿意想到明天，我们又要各奔东西，回到分离的生活中去。今晚，在河边妈妈的房子里，她的狗睡在我们门口，我们猜拳决定谁睡中间，重新铺好毯子，把硬邦邦的枕头换成软的。我对我们曾经是的那两个女孩充满感激，她们一起长大，相依为命，分享泪水和欢笑，现在又一起对着黑暗中难以名状的东西发笑。

生活片段

- 你害怕什么词？什么词让你感觉安全？在你的作品中包括一首歌的一两句歌词。
- 回忆一次公路旅行和一场对话。把二者组合起来。
- 给一个让你开心的人起名字。写出对他们和世界的一个愿望。把它变成一个半页纸的真实故事。

该你了

出口，这边走

在你离开前，最后一件事——坚持写作，即使你正写到一半时铃声响了，即使老师说“放下笔”，而你还有话没说完。我是认真的。这些从你的心灵、想象中诞生，通过你的手臂从指间流出的灵感，这些诗意真相的爆发，再也不会以同样的方式重现。永远不会。而你不愿意失去它们。一个也不愿意。找到进入最深层次的自我的入口是一个挑战。所以一旦你找到一条窄路，跨越比喻的河流或者攀登故事的险峻山峰，去追寻你要留住的影像，不要为任何事情停下来。好吧，或许消防演习除外。

现在你知道，要写好作品，你必须首先关注你的生活，对你内在发生的一切感兴趣，无论外在的声音多么嘈杂。在这个充斥着电话、聊天软件、推特、脸书、即时通信、短信和成功至上导向的世纪，放慢脚步，找一个安静的地方，坐下来拿起笔，在纸上展开你的生活，变得越来越重要。写作关乎讲述你自己的真相——根据我的经验，真相在受到干扰、催促或者强迫时不会有好的反应。所以，慢下来。诗意的真相有它自己的节奏，需要很多空间和停机时间，没有截止日期。诗意的真相想要接近你做白日梦的那一面，让你的声音、人物和叙述者走到聚光灯下，并且焕发光芒。

就在今天，跟自己做一个约定：信任你自己。拿起一支笔，把内心的批评家从你写作的地方赶走。穿着睡衣，拿着你的笔记本和肉桂吐司。邀请你的缪斯，她总是支持你做一个傻瓜，让你故事中的人物在后院挖洞直达中国，或者攀登珠穆朗玛峰，如果他们想要这样做的话。你的诗歌和故事想找到你。如果你开拓出跟她一起外出的空间，你的缪斯会奉献各种各样的惊喜情景，把这一切变成现实。去吧，感受你的恐惧，向更深处挖掘。你的写作之路将带你在纸页上前往你要去的地方。然后环顾四周，了解这片土地、河流和跟你一起旅行的人。我正在这场大冒险中想象着现在的你是什么样子，而你正在投入写作，开始新的一页。

致 谢

感谢我的经纪人斯蒂芬妮·冯·博斯特尔，那天在得克萨斯州奥斯汀市决定接受这场冒险；感谢香巴拉 / 路斯特出版公司（Shambhala/Roost Books）的创意团队，特别是詹妮弗·厄本－布朗，这是她第二次帮助我的书宝宝来到这个世界了；感谢詹妮弗·坎帕尼奥洛在宣传活动中的帮助；感谢茱莉亚·加维里亚提供了大有裨益的编辑建议；感谢罗拉·佐里安的设计天赋；感谢乔伊·戈斯尼的美术设计，让这本书的封面令人眼前一亮。

对埃德·桑提扎和维玛拉·桑加深深鞠躬，对玛丽察、克里斯汀·布朗和詹姆斯·希金斯双手合十，感谢皮尔斯·巴里博士、克里斯·达登、简·埃德·斯坦和理查德·利菲尔德的无私帮助。

感谢加州校园诗人项目（California Poets in the Schools）和特里·格拉斯的长期投入，感谢怀斯·斯蒂尔斯、特拉维斯·伍兹和马克·格罗斯曼对我这个电脑盲的技术支持。感谢简·赫斯费尔德，仁慈的老师和朋友；感谢普拉托·塞雷诺，持续不断地提供有趣的创意和灵感；感谢凯西·埃文斯、琳达·沃尔夫、苏珊·伍尔德里奇、达娜·洛马克斯、萨沙·埃克尔－桑切斯、克莱尔·布洛特、乔瓦尼·辛格顿、莉·埃肯纳斯、米歇尔·里弗斯、凯伦·刘易斯、苏珊·西比特、朱迪斯·科林、莫莉·菲斯克、鲁斯·詹德勒、娜塔莉·戈德堡，以及教授我技艺的一长串诗人－老师的名单。拥抱我在线上和线下有幸遇到的年轻和心态年轻的学生－诗人，特别是佐伊·麦科马克和“爱吃零食的二十岁实验作家”（你知道我说的是你），感谢你们的信任和祝愿。感谢米尔谷公共图书馆的资深童书馆员尤兰达·弗莱彻为这本书提供了有深度的推荐。

感谢我的家人和朋友的无私支持，特别是欧文、科林和克里夫·普雷尔；艾莉森和布拉德·奥尔特曼；道恩、马特和卢克·安东内利；布莱恩·刘易斯、琼·基普、林恩·蒙代尔、芭芭拉·朗兹、米歇尔；安迪和马克斯·莱斯特；阿尔伯特·弗林·德西尔弗、肖恩·佩里、卡罗尔·安德森、玛丽·莉·克劳利、克里斯汀·雷蒙；艾米和杰西·皮尔森；萨沙·福克纳、杰克·克雷斯顿、朱莉·维斯科特、鲁斯·米切尔、克里斯托弗·迈尔斯、德瓦塔拉·霍尔曼；考特尼、马克、尼古拉斯、塞比·德拉·卡瓦；卡洛琳·英格拉姆、凯西·卡玛戴尔、卡林·加兰德、塔玛拉·诺曼，以及埃德温和安娜·汉密尔顿。最后，由衷地感谢唐和马琳·本基，以及艾伦和妮娜·尼尔森毫无保留的鼓励和坚定不移的信任。你们的光芒包围着我，你们的爱支持着我。

参考书目及其他资源

参考书目

Beamish Boy by Albert Flynn DeSilver
The Book of Qualities by J. Ruth Gendler
California Poets in the Schools Statewide Anthologies 1992–present
Finding What You Didn't Lose by John Fox
Given Words by Elizabeth White
The House on Mango Street by Sandra Cisneros
How to Be an Explorer of the World by Keri Smith
Imagination Comes to Breakfast by Kathy Evans
Leaping Poetry edited by Robert Bly
Lives of the Heart poems by Jane Hirshfield
Making Your Own Days by Kenneth Koch
Micro Fiction by Jerome Stern
Of This World by Joseph Stroud
Phone Call from Paris, Everyday Miracles: An A to Z Guide to the Simple Wonders of Life, and *Causing a Stir: The Secret Lives & Loves of Kitchen Utensils* by Prartho Sereno
poemcrazy by Susan Goldsmith Wooldridge
The Poet's Companion by Kim Addonizio and Dorianne Laux
Quote Poet Unquote edited by Dennis O'Driscoll
Sister by Karen Benke
Stories of the Poets by Suzi Mee
Taming Your Gremlin by Richard D. Carson
The Triggering Town by Richard Hugo
Wabi-Sabi for Artists, Designers, Poets & Philosophers by Leonard Koren
Walking on Alligators by Susan Shaughnessy
Wherever You Go, There You Are by Jon Kabat-Zinn
Wild Mind and *Writing Down the Bones* by Natalie Goldberg
The Writer's Block by Jason Rekulak
Writing without Teachers by Peter Elbow

其他资源

百字小故事（100 Word Story）

www.100wordstory.org

非常有趣的线上文学出版物。编辑格兰特和林恩每月提供一个主题和一张照片。你可以据此创作散文诗或微型小说。唯一的要求是必须恰好 100 个字。

全国 826（826 National）

www.826national.org

826 中心为 6～8 岁的学生免费提供开发创造力、提升写作技巧和表达自我的机会。中心坐落于安娜堡、波士顿、芝加哥、底特律、洛杉矶、纽约、旧金山、西雅图和华盛顿。（旧金山的瓦伦西亚 826 中心有特供的专属文身贴，比如鲸鱼腹逃生套装和美人鱼饵。）

加州校园诗人（California Poets in the Schools）

www.cpits.org

美国规模最大的校园作家项目之一，服务于三十多个州基础教育阶段的学生。2011 年，CPITS 骄傲地迎来了他们的第 100 万名学生！我从 1994 年起在 CPITS 任教。

注意力学校（Mindful Schools）

www.mindfulschools.org

如果你想了解注意力技巧如何帮助你写作、缓解压力、减轻考试焦虑、在你内心开辟一片安静和耐心的区域，并且改善你的人际关系，这个网站就是为你准备的。另外，如果你的老师喜欢大喊大叫——我们都遇到过这样的老师，把这个网址放在他的桌子上。

国家小说写作月（National Novel Writing Month, NaNoWriMo ）

www.nanowrimo.org

如果你想在 11 月 1 日零点到 11 月 30 日 23 点 59 分之间创作一篇 5 万字的小说，访问这个网站。这不是一场竞赛。NaNoWriMo 还为 17 岁以下的参与者准备了青年作家项目。

诗人之家（Poet' Shouse）

www.poetshouse.org

一座位于纽约的诗歌图书馆和聚会场所，邀请诗人和公众走进鲜活的诗歌传统。

课间休息（Recessitate）

www.orandaworks.com

活跃课堂的即时工具。

教师和作家协作体（Teachers and Writers Collaborative, T&W）

www.twc.org

T&W 致力于通过提供创意写作项目培养学生的想象力，并出版了一本关于教学的获奖季刊。

引文版权信息

"A Rush of Blue" by Collin Prell. Used by permission of the author. "Advice from a Tree" by Ilam Shamir. Copyright © 1993–2002 YTN. Advice from a Tree is a registered trademark of Your True Nature, Inc. Used by permission. www.YourTrueNature.com, 1-800-992-4769 "All I ever wanted was to be heard, recognized." by Maia Ciambriello. Used by permission of the author. "Between Walls" by William Carlos Williams, from *The Collected Poems: Volume I, 1909–1939*, copyright © 1938 by New Direction Publishing Corp. Reprinted by permission of New Directions Publishing Corp. and Carcanet Press Limited. "Black Belt" by Josh Davis. Used by permission of the author. "Blues" by Dylan Sweet. Used by permission of the author. "[C minus A and B equals—]" by Catherine Barnett, from *Into Perfect Spheres Such Holes Are Pierced*. Copyright © 2004 by Catherine Barnett. Reprinted with the permission of The Permissions Company, Inc., on behalf of Alice James Books, www.alicejamesbooks.org. "Chessy in the Future" by Chessy MacDonald. Used by permission of the author. "Clive" by Zoe McCormick. Used by permission of the author. "Clock" by Mike Pile. Used by permission of the author. "Comic Strip Cento" and "Found Poem from Stray Lines" by Mackenzie Glaubitz. Used by permission of the author. "Do you remember me being sensitive" by Sara Gould-Meyer. Used by permission of the author. "End-of-Day Dance" by Carolyn Ingram. Used by permission of the author. "Five Turtle Observations" by Fernando Vazquez. Used by permission of the author. "Hairs" excerpt by Sandra Cisneros. From *The House on Mango Street*. Copyright © 1984 by Sandra Cisneros. Published by Vintage Books, a division of Random House, Inc., and in hardcover by Alfred A. Knopf in 1994. By permission of Susan Bergholz Literary Services, New York, N.Y., and Lamy, N.M. All rights reserved. "Hi, My Name Is Rosa Parks" by Helen Deng. Used by permission of the author. "How I Would Paint Happiness" and "How I Would Paint Death" by Emily Hawkins. Used by permission of the author. "How is the soul shaped?" by Libby Anderson. Used by permission of the author. "I show her the way" by David (Tem) Agassi. Used by permission of the author. "Imaginary Paintings" excerpt by Lisel Mueller, from *Alive Together*. Copyright © 1996 by Lisel Mueller. Reprinted by permission of LSU Press. "In a Rut" by Ronald Wallace. Used by permission of the author. "Inside a question: echoes fly." by Lola Leuterio. Used by permission of the author. "Inside the thatched-roof birdhouse" by Prartho Sereno. Used by permission of the author. "Life isn't giving me bridges" by Ryan Ali, Kalia Yuen Firmage, and Lola Leuterio. Used by permission of the authors. "Lightning sparks speed" by Will Hildebrand. Used by permission of the author. "Lost (Pantoum)" by Josh Terlouw. Used by permission of the author. "Me and My Sister" by Grace Boyle. Used by permission of the author. "My Soul" and "Palm Reader (for My Father)" by Charlie Lubenow. Used by permission of the author. "Outside, early November" by Lou Lou Parr. Used by permission of the author. "Poem in Which Words Have Been Left Out" by Charles Jensen. Copyright © 2012 by Charles Jensen. Originally published on Poets.org "Poem-A-Day." Used by permission of the author. "Prayer" by Stuart Kestenbaum, from *Prayers and Run-On Sentences* published by Deerbrook Editions. Copyright © 2007 by Stuart Kestenbaum. Used by permission of the author. "Red Bank" by Lesle Lewis, from *Lie down too.* Copyright © 2011 by Lesle Lewis. Reprinted with the permission of The Permissions Company, Inc., on behalf of Alice James Books, www.alicejamesbooks.org. "Right now, the world" by Nathan Ferro. Used by permission of the author. "Shark's Teeth" by Kay Ryan from *The Niagara River,* copyright © 2005 by Kay Ryan. Used by permission of Grove/Atlantic, Inc. Any third party use of this material, outside of this publication, is prohibited. "Stream of Consciousness" by Clair McGuire. Used by permission of the author. "The spiral's the mess of my room. A spark" by Julian LePelch. Used by permission of the author. "The Trap of Nothing" by Janina Vazquez Adams. Used by permission of the author. "This is the beginning" by Jack Chorley. Used by permission of the author. "Thousands of miles away" by Nicki Brass. Used by permission of the author. "Thumb" by Philip Dacey, from *Mosquito Operas: New and Selected Short Poems,* copyright © 2010 by Philip Dacey. Reprinted with permission from Rain Mountain Press. "Time travels through the ages to when" by Rebecca Smalbach. Used by permission of the author. "What I Miss" by Lily Stander. Used by permission of the author. "What Matters" by Judyth Collin. Copyright © 2012 by Judyth Collin. Used by permission of the author. "Who can find their way through a maze" by Natalie Fox. Used by permission of the author. "Why only foxes on that cloudy day?" by Elizabeth Levie. Used by permission of the author. "Wild Life" by Kyler Scarpa. Used by permission of the author. "You" by Ellie Allen. Used by permission of the author.

LEAP WRITE IN
By Karen Benke

Published by arrangement with Shambhala Publications, Inc.
4720 Walnut Street # 106 Boulder, CO 80301, USA, www. shambhala.com
through Bardon-Chinese Media Agency

图书在版编目 (CIP) 数据

奇妙的创意写作：让你的故事和诗飞起来 / (美) 卡伦 · 本基 (Karen Benke) 著 ; 唐奇译 . —北京 : 中国人民大学出版社 , 2019.3

（创意写作书系）

书名原文 : Leap write in!: adventures in creative writing to stretch and surprise your one-of-a-kind mind

ISBN 978-7-300-26546-9

Ⅰ . ①奇…　Ⅱ . ①卡… ②唐…　Ⅲ . ①写作—青少年读物　Ⅳ . ① H05-49

中国版本图书馆 CIP 数据核字（2019）第 005527 号

创意写作书系

奇妙的创意写作：让你的故事和诗飞起来

【美】卡伦 · 本基 (Karen Benke)　著

唐奇　译

Qimiao De Chuangyi Xiezuo

出版发行	中国人民大学出版社		
社　址	北京中关村大街 31 号	邮政编码	100080
电　话	010-62511242（总编室）		010-62511770（质管部）
	010-82501766（邮购部）		010-62514148（门市部）
	010-62515195（发行公司）		010-62515275（盗版举报）
网　址	http://www.crup.com.cn		
	http://www.ttrnet.com（人大教研网）		
经　销	新华书店		
印　刷	天津中印联印务有限公司		
规　格	210mm × 276mm　16 开本	版　次	2019 年 3 月第 1 版
印　张	17	印　次	2019 年 3 月第 1 次印刷
字　数	265 000	定　价	88.00 元